LE DIVORCE CELESTE,

Causé par les desordres, & les dissolutions de l'Epouse

ROMAINE.

Et dedié à la simplicité des

CHRESTIENS SCRUPULEUX.

Avec la Vie de

L'AUTEUR.

Traduit de l'Italien de Ferrante Pallavicino. Par ***

Odi profanum vulgus & arceo. *Horat.*

A COLOGNE 1696.

LE TRADUCTEUR AU LECTEUR.

LE Livre dont je vous donne sa traduction, mon cher Lecteur, est un ouvrage assés curieux par l'invention toute singuliere dont il est conçû, & par le sujet qu'il traite. Ferrante palavicino un des plus beaux esprits qu'ait produit l'Italie en est l'autheur. Sa mort funeste & tragique m'engage à vous dire quelques particularités de sa vie qui ont du rapport avec l'ouvrage dont il s'agit: elles sont appujées du témoignage des autheurs qui en ont écrit.

Ferrante Pallavicino étoit de plaisance ville d'Italie dans la Lombardie, & appartenante au Duc de Parme sous le titre de Duché, il étoit Chanoine Regulier de St. Augustin de la Congregation de Latran, & il fut reçû en cette qualité dans la maison dite de la passion que les chanoines Reguliers ont à Milan, ou il se distingua beaucoup par le brillant de son esprit: il en avoit aussi infiniment, & il aimoit la Satyre. L'inclination naturelle

L'auteur de ce Livre rare sur tout dans sa langue originale qui est l'italien s'appelloit ferrante pallavicino, il etoit chanoine regulier, s'etant avisé de composer cet ouvrage qui veritablement est insultant pour les papes et un autre du meme genre intitulé le Courrier devalisé, il fut obligé de s'enfuire et dabord et ensuite lequel de se retirer en france. les Barberins neveux du pape qui avoient grande envie de l'avoir detacherent un coquin qui l'attira dabord a orange et dela a Avignon où il eut la tete tranchée ce coquin fut depuis assassiné dans paris malgré cette belle histoire Mr de la monoye a soutenu que cet ouvrage n'etoit point de ferrante Pallavicino et que ce n'etoit point pour cela qu'il avoit eté arreté et eut la tete coupée a avignon.

LE DIVORCE
CELESTE
A Amsterdam
Chés
I.L. DE LORME
et E. ROGER.
Marchands Libraires
1696

que les hommes ont pour ce genre décrire luy acquit des admirateurs & des amis qui applaudissoient a toutes les productions de son esprit. Le Pape Urbain VIII faisoit alors la guerre à Odoard farnese Duc de Parme & de Plaisance. Ferrante pallavicino n'estant pas en état de deffendre son prince avec les armes se servit de la plume, & il publia diverses pieces fort sanglantes, & extremement desadvantageuses a la Cour de Rome, & a la maison des Barberins dont étoit le Pape. Elles rendirent Pallavicino odieux au Saint siege, & son nom devint tellement en horreur a Rome, qu'on y mit sa teste a prix. Pour se metre a couvert de cette tempeste il se retira à Venise; & il y vivoit en repos, lorsque pour son malheur un jeune homme qui étoit aparemment gagné par ses ennemis, & envoyé pour le perdre trouva le moyen de s'insinuer entierement dans sa Confidence, & son amitié: il affectoit de luy marquer combien il s'interessoit dans sa disgrace, & il témoignoit un attachement tout particulier pour sa personne: il luy Conseilla mesme de quitter Venise, & de se retirer en France, ou il ne devoit attendre que de grands advantages de la part du Cardinal de Richelieu qui vivoit pour lors, & qui honoroit de sa faveur & de ses bienfaits les personnes recommandables par leur esprit: Il luy persuada en tout cas de s'arrester à Oranges qui estoit une Ville de pleine seureté pour luy, & ou il n'avoit rien

rien a craindre sous la Protection d'un Prince Protestant. Le malheureux Pallavicino donna dans le piege. Il se laissa conduire par ce perfide qui en entrant dans le Royaume le fit passer par le comtat Venaissein: Pallavicino ayant descouvert les armes du Pape sur la porte du bourg de Sorgues s'escria tout épouvanté, *io son tradito*, je suis trahy: Il fut arresté presque dans le moment par des gens apostés, & conduit a Avignon ou il eût la tête tranchée 14. mois aprés en 1644. Le malheureux qui l'avoit livré si laschement, étoit selon quelques uns, fils d'un Libraire de Paris nommé de Bresche, & il avoit reçû une recompense que sa trahison ne meritoit pas; mais il n'en joüit pas long-temps aussi, & il fut tué dans Paris peu aprés par un ami de Ferrante Pallavicino.

Voila ce que j'ay pû descouvrir touchant la vie de l'Autheur. Je ne diray rien du titre & du sujet de son Ouvrage: Il justifie luy même suffisamment l'un & l'autre dans son advis au Chrestien Scrupuleux: S'il m'est permis seulement de dire ma pensée sur le style, & sur la maniere dont ce Livre est conduit, j'ose asseurer, sans pretendre neantmoins prevenir le jugement de personne, qu'il est plein par tout d'un beau feu d'esprit; le sujet y est agreablement diversifié, & soûtenu par d'excellentes pensées. l'Autheur avoit sans doute un genie heureux pour la Satyre, mais, quelque estime que j'aye pour luy, je me crois obligé de dire qu'il l'avoit aussi un peu trop emporté, & peu de personnes habiles & desinteressées approuveront ses invectives atroces & continuelles contre Urbain VIII. qui, au rapport de Sponde, & de plusieurs bons Autheurs, à esté un des plus Grands Papes qui ayent gouverné l'Eglise. Il avoit donné, disent ces Autheurs, tant de marques de sa conduitte & de sa capacité qu'on n'eut pas de peine a esperer que son gouvernement seroit extremément advantageux à l'Eglise, & on ne se trompa pas dans cette opinion: Il reünit le Duché d'Urbin, il acheva des affaires trés importantes, il reconcilia des Princes, il soûtint des guerres; enfin il executa des choses grandes & memorables. Il avoit infiniment d'esprit, un merveilleux jugement, & une profonde érudition, ce qui paroist assés par ses Ouvrages, & par les excellentes Poësies Latines & Italiennes que nous avons de luy, & qui sont toutes remplies d'une grande pieté. Par les choses que je viens de dire, il est aisé de s'appercevoir que mes sentimens sont fort differents de ceux de l'Auteur a l'égard d'Urbain VIII. & quand même ce Pape auroit été tel qu'il est representé dans cet Ouvrage, le respect profond qui m'attache & me soûmet au Chef visible de l'Eglise de Dieu, & au Pere commun des Chrestiens, m'engageroit a concevoir de luy d'autres pensées. Ainsi je declare que je ne pretends point participer

aux

aux invectives de l'Autheur, & quoy que je les aye toutes rapportées, je n'ay eu en cela d'autre dessein que de m'acquitter du devoir d'un Traducteur exact & fidele.

Au reste, cher Lecteur, quelqu'exactitude que j'aye eu a suivre mon Autheur pas a pas, & a ne le point perdre de veüe; j'ay tasché neantmoins de donner le tour naturel de nostre langue a cette traduction: Je l'ay mesme élevée autant qu'il m'a été possible, afin de vous la rendre agreable: Si j'ay mal reüssi dans mon projet, je vous prie du moins de vouloir excuser mes fautes par le desir que j'ay de vous plaire. Mais cette Preface est peut-être dé-ja trop longue, & je crois qu'il est temps de la finir pour laisser parler l'Autheur.

AU

AU CHRETIEN SCRUPULEUX.

L'Autheur de ce Livre a peut-être des sentimens plus purs, & plus Chrêtiens que tu ne t'imagines, Scrupuleux Chrêtien: Mais la malice du Siecle est arrivée a un tel excés, qu'on tient aujourd'huy pour heretique declaré celui qui n'approuve pas les actions de la Cour de Rome, de quelque nature qu'elles soient. La cause de cet abus est ta simplicité qui confond comme une seule & mesme chose l'authorité, & les passions des Souverains Pontifes, sans sçavoir distinguer les effets de Celle-là d'avec les actions de ceux-cy. Le Pape peut se tromper, qui osera soûtenir qu'on ne puisse le reprendre? J. C. qui ne pouvoit pecher a pû être Crucifié, & un Pa-*

* Comme homme, et puisqu'il peut se tromper, et

Pape qui est composé d'Humanité peccable, & qui peut-étre péche chaque jour, ne pourra être justement repris? C'est une delicatesse d'oreille que n'ont point eu les David; & les Chefs de la Primitive Eglise avoient Coustume de recevoir les advis Charitables des Fideles avec une humilité pleine de reconnoissance, & non pas avec Chagrin. Si le pauvre St. Bernard s'advisoit de corriger les abus de ce Siecle avec autant de liberté qu'il a fait de son temps, il verroit asseurement son nom plûtôt contenu dans l'index des Livres deffendus, que dans le Catalogue des Saints. Mais je ne crains point un pareil danger, & ce qui m'engage a faire cette Préface n'est pas le dessein de justifier mes intentions; Il suffit que Dieu connoisse le fond de mon Cœur. J'ay seulement voulu t'offrir ce Livre, Lecteur Scrupuleux, comme un moyen qui servira peut-être a te desabuser de ces opinions trop credules qui

 nour-

nourriſſent & entretiennent l'audace de ceux qui par leurs deſordres troublent toute l'Italie, & ſcandaliſent les perſonnes qui ont l'Eſprit juſte, & les veritables ſentimens du Chriſtianisme. Si les choſes qui apportent de l'utilité ſont en meſme-temps agreables, je ne deſeſpere pas, Lecteur, de te plaire. Je ſçais bien que d'abord le Titre de ce Livre te paroîtra peu religieux, & ſon ſujet peu Chrêtien: Mais avant toute choſe fais reflexion, je te prie, que nôtre Palais n'eſt pas capable de juger ſainement des bonnes ou mauvaiſes qualités d'une Medecine: C'eſt pourquoy je te ſupplie de ſuſpendre ton jugement jusqu'aprés la lecture entiere du Livre, & pour lors ſi tu trouves qu'il t'apprenne a meſpriſer la Religion Catholique & ſes preceptes, je ſeray content que tu condamnes non-ſeulement l'ouvrage, mais même l'Autheur: Mais s'il t'apprend uniquement a deteſter les mau-

vai-

vaises actions de ceux qui contreviennent à la Loy de J. C. tu ne dois point blasmer comme peu Religieux le Zele qui me porte a deplorer les abus qui se commettent contre la Religion. On a condamné plusieurs Heretiques pour avoir écrit contre les Ceremonies de l'Eglise Romaine; Mais celuy qui escrit au contraire contre ceux qui n'observent pas les Ceremonies de l'Eglise Romaine ne doit pas courir le même sort, parce qu'il y a grande difference entre blasmer l'observation, & blasmer l'inobservation des preceptes de la Religion : Mais, me diras-tu, c'est icy un Livre contre le Pape: Distingues un peu, Scrupuleux Lecteur. Ce Livre est contre les passions des Papes : je revere leur Authorité, mais J. C. ne m'a point obligé, de reverer avec elle leurs passions toutes terrestres ; & si l'on prend legitimement les Armes pour s'opposer aux desirs injustes des Papes

pes, tu ne dois point croire qu'il soit deffendu de prendre la plume : Lis donc ce Livre, sans me reprendre d'avoir feint des Dialogues entre les personnes Divines ; c'est le style ordinaire de l'Escriture Sainte, qui de cette maniere s'accommode a la portée de l'Esprit Humain. Adieu, vis heureux.

SOM-

SOMMAIRE
De Cet
OUVRAGE.

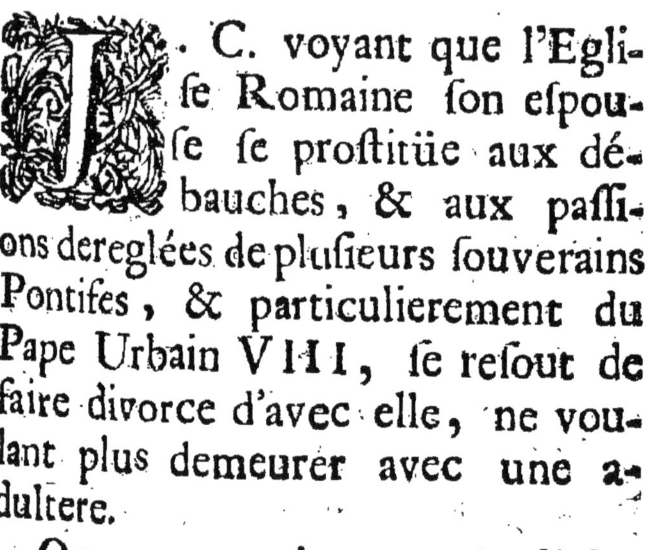

J. C. voyant que l'Eglise Romaine son espouse se prostitüe aux débauches, & aux passions dereglées de plusieurs souverains Pontifes, & particulierement du Pape Urbain VIII, se resout de faire divorce d'avec elle, ne voulant plus demeurer avec une adultere.

On rapporte icy en detail les raisons qui engagent J. C. a prendre cette resolution, qui sont la perte de son honneur dans l'esprit de toutes les nations par la dissipation des biens que consume l'épouse pour satisfaire l'avidité, & les ap-

appetits dereglés de ses adulteres : enfin le mépris que reçoit tous les jours le Fils de Dieu, en voyant commettre sans pudeur tant de desordres dans sa propre maison, & Rome estant devenüe un lieu de débauche publique.

La justice divine pleinement persuadée de ces raisons conclut le divorce. Elle veut neantmoins pour proceder avec ses circonspections ordinaires quand il s'agit de donner un grand exemple aux hommes, qu'avant toutes choses on fasse une diligente information des fautes de l'épouse. C'est pourquoy le Pere Eternel commet St. Paul pour travailler au procés, & il luy ordonne de se transporter en terre à cet effet.

Saint Paul descend dans ce bas monde : il arrive à Lucques, à parme, à Florence, à Venise, enfin dans l'Etat Ecclesiastique, & à Rome mesme, ou ayant veu tous les

les abbus qui s'y commettent, & ayant appris par les differentes plaintes des mortels les mauvais deportemens de l'Eglise, il acheve l'instruction du procés, & ensuite se trouvant obligé de s'enfüir de Rome a cause de quelques accidens qui luy arrivent, il retourne au Ciel, ou ne restant plus rien a desirer pour la justification entiere des plaintes de J. C. l'arrest du divorce est rendu,

Par la separation de J. C. d'avec son épouse, il arrive qn'on ne voit plus naistre d'enfants legitimes, c'est à dire d'hommes saints, & de personnes de bien, comme au contraire par le commerce qu'elle a eu jusqu'à present avec ses adulteres elle a mis au monde des Chrétiens bastards, c'est à dire des hyppocrites, du nombre desquels on entend les Jesuites, & les autres qui sous une apparence de sainteté

&

& de Religion sont en effet la plus pernicieuse generation de tous les peuples.

La nouvelle du divorce estant publiée dans tout l'univers, aussi-tost Jean Calvin, Martin Luther, Marc Ephese, & les autres autheurs des sectes vont offrir a J. C. chacun en particulier leur Eglise pour épouse: mais J. C. ayant encore presents à sa memoire les affronts qu'il a recûs de son épouse Romaine, se resoult de vivre plustost dans le Celibat, que de penser jamais a se joindre par le Mariage avec la perfide nature humaine.

Tout l'ouvrage se divise donc en trois Livres. Le premier traite de la vie dissolüe de l'adultere. Le second des bastards de l'Eglise Romaine & le Troisiéme du concours des autres Eglises pour épouser J. C. il n'y a presentement que le premier livre qui paroisse au jour s'il plait a ceux qui font profession

on d'un bon & sain entendement, peut-estre fera-t-on bien-tost voir le second & le triosiéme.

LE

DIVORCE CELESTE.

Causé par les desordres & les dissolutions de l'épouse Romaine.

LIVRE PREMIER.

PREFACE.

TU te trompes, Mortel incredule, si tu te persuades que tes Crimes ne vont pas jusques dans les cieux troubler le repos de la Divinité. Tourne les yeux, si tu n'as pas encore tout a fait perdu la Foy que nous devons adjoûter au au témoingagne des Livres ſacrés, & tu verras le Fils de Dieu traisné ſur un gibet par le peché du premier Homme, dont la faute neantmoins pouvoit en quelque maniere eſtre excuſable, parce qu'il eſtoit tout nouveau dans le Monde. Que doit-on dire a preſent que l'iniquité paroît tellement multipliée ſur la Terre? Qu'il eſt d'une neceſſité entiere de ſoûtenir que pecher, & par conſequent offenſer Dieu eſt une proprieté naturelle a l'homme. Monde corrompu, qui ſous ce nom de proprieté naturelle ſembles flatter une faute qui a eſté aſſés enorme pour arracher ton Createur du ſein de ſon repos éternel, & le reduire a ſouffrir la mort! ſi tu crois cette verité, ô mortel! ne ſois point ſurpris d'apprendre les nouveaux ſujets de chagrin que l'Epouſe Romaine par ſes débordemens a cauſés à J. C. & qui ont produit les eſtranges effets que tu verras repreſentés dans ce Livre.

Le

Le Pere Eternel parle a son fils: Il luy demande la raison de ses Chagrins Contre l'Eglise Romaine son Espouse, & tasche de le porter a la reconciliation.

Ce n'est point par le ministere d'un *Ange* comme autrefois, mais par la voix mesme de vostre Pere qu'il est necessaire aujourd'huy, mon Fils, de vous déclarer la volonté divine. Dans les affaires difficiles & pressantes il est du devoir du Pere de raisonner en toute liberté avec le Fils. Il est du devoir du fils d'écouter du Pere avec attention ce qui est important à la reputation de cet empire.

Il y a long-temps, mon Fils, que je m'apperçois du refroidissement de cet amour extreme dont vous brusliés auparavant pour l'Eglise Romaine vostre espouse. S'il estoit per-

permis a un Dieu de s'estonner, je m'estonnerois sans doute devoir une telle nouveauté dans la personne du verbe Eternel. Je sçais que c'est luy qui a pû autrefois sous une forme servile prodiguer sa propre vie sur une Croix, afin de ce faire par se moyen un merite qui pût luy gagner le cœur & les affections de son épouse bien aimée; je dis ce verbe Eternel qui a aimé avant que d'estre aimé, qui n'est point mort par d'autre raison que celle de se donner a connoistre pour amant. A present il n'est que trop vray que ce mesme verbe ayant changé son amour en haine vit mescontent d'une épouse qu'il n'a obtenüe que par tout son sang, & avec tant de tourments. Je ne nie pas, mon fils, qu'autrefois la justice divine ne vous ait exhorté a ne jamais tourner les yeux de vôtre bienveillance sur cette ingrate nature humaine qui s'est s'eſt introduite dans le monde avec le mépris de ſon Createur. Mais puiſque vôtre amour pour elle l'a emporté ſur les rigueurs d'une juſte vengeance, puiſque pour l'accompliſſement de vôtre bonne volonté, le deſtin a arreſté voſtre mutuelle reconciliation, quelle nouvelle raiſon aujourd'huy peut luy oſter voſtre affection, & troubler tout le Ciel par ces differends? Qu'il vous ſouvienne, mon Fils de la joye que reſſentoit tout cet Empyrée quand de vôtre mariage avec l'Egliſe Romaine on voyoit continuellement naître dans vos embraſſements une race ſi nombreuſe, & ſi excellente, que j'eſperois d'en voir le Ciel remply en peu de temps, & de cette maniere la fin que je m'eſtois propoſée dans la creation de l'homme, heureuſement conduite a ſa perfection. Que ſont devenües ces paroles ſi tendres, & ce temps heu-

heureux auquel vostre bien aimée disputoit avec vous à qui feroit paroistre le plus d'amour, & satisfaisoit si bien a la mort que vous avés souffert pour elle par le martyre de mille innocens qni en échange du sang que vous avés respandu laissoient tous les jours respandre le leur par le fer des Tyrans? mon Fils, je ne pretends pas la proteger en cette occasion, & je ne rappelle point ses merites passés pour adoucir par leur image l'amertume de vos déplaisirs: mais il est vray aussi que si quelque malin asprit accoustumé à tenter la Divinité même avoit semé de la division entre vous, il me deplairoit fort qu'une épouse autrefois tant aimée, & maintenant repudiée par un prompt dégoust fust reduite dans cet abandonnement à éprouver les ennuys du veuvage & de la sterilité. Le préjudice qui peut naistre de ce divorce porte un grand

coup

coup au desir que j'ay tousjours eu de peupler ce vaste empire des Cieux, & l'enfer nostre ennemy en recevroit trop d'avange. D'ailleurs quel fruit tireriés vous de tant de tourments soufferts? Ouvrés les yeux, mon Fils; c'est cette épouse enfin pour la possession de laquelle vous avés conté pour rien les felicités de cet Empyrée, la bienseance de Vôtre Divinité, & la Vie même. Quelle opinion auront toutes les Nations de vôtre repentir? N'oubliés pas, mon Fils, qu'il n'est jamais permis a un Dieu de se repentir.

Le Verbe respond au Pere Eternel: Il luy expose les raisons Generales de son Chagrin contre l'Epouse Romaine, & persiste a demander le Divorce avec ces paroles.

Le repentir, Souverain Pere, s'est introduit dans le Ciel dés le temps que Vôtre Majesté ayant accordé l'être a l'homme, a esté dans la suitte contrainte de le detruire par la connoissance qu'elle a eüe de ses meschancetés criminelles. Cette Creature est si ingrate aux faveurs Divines, que peu aprés son origine elle a merité d'être anneantie avec ces paroles terribles du Createur; *pœnitet me fecisse hominem.* Elles ne repugnent en rien neantmoins a l'immutabilité de la nature de Dieu toute remplie de bonté, parce qu'il est arresté de toute Eternité, que la disgrace de Dieu doit succeder au demerite des hommes. Qu'y a-il dont d'estrange maintenant, si me trouvant aussi grievement offensé que je le suis par l'ingratitude de cette pernicieuse espece, j'ay changé tout l'amour que j'avois pour elle en hayne, & si je me repens de l'avoir si fort eslevée au prix de mon sang? Il vous est eschû, Souverain Pere, de Creer l'homl'homme, a moy de le racheter, & à tous deux de nous repentir, puis qu'il s'est tousjours montré si indigne & d'être Crée, & d'estre racheté. Mais pour me reduire au particulier de l'affaire entre l'Eglise Romaine mon épouse & moy, je supplie V. M. de tourner les yeux sur elle, & de la regarder avec attention : V. M. trouvera mes dégousts trés justes sans doute, & mon divorce necessaire. La voila, Souverain Pere, honteusement prostituée aux débauches de ceux mêmes auxquels le St. Esprit la donnée à Gouverner. Voyés comme elle se serre dans les embrassemens & le sein de ses adulteres qui usurpent la place du legitime espoux, & qui soüillent entierement ses Mœurs, & mon honneur. Que les yeux de V. M. voyent comme elle marche toute riche d'or, toute brillante de pierreries, & pleine de faste. Jamais l'Espouse de J, C. n'a été telle sinon dans le temps qu'elle a eu en veüe de plaire a ſes adulteres. Mais quels excés ne commet-elle pas aujourd'huy qu'elle a laſché la bride a ſon ſens reprouvé ? a quels débordemens, a quelles infamies cette adultere qui a perdu toute pudeur ne donne-t'elle pas lieu dans ma propre maiſon ? Et encore pour plus grand affront elle ſe fait nommer mon épouſe, ſes adulteres mes ſerviteurs, mes Miniſtres ceux qui plus que tous autres foulent aux pieds la dignité de mon nom. J'ay appellé autrefois le Temple de Jeruſalem une caverne de Voleurs pour l'avoir trouvé remply d'acheteurs & de Vendeurs. Que dois-je dire a preſent de l'Egliſe Romaine, qui contient en ſoy une ſi grande multitude non pas de ceux qui achetent, mais de ceux qui volent, non pas de ceux quivendent, mais de ceux qui prodiguent a la débauche & a l'ambition ce qu'ils acquierent

rent indignement de mon sang répandu pour la Nature Humaine. Ce sont eux, Souverain Pere, que mon épouse adultere aime jusqu'a l'Idolatrie, & je dois encore souffrir aprés tant d'affronts & de mépris de les voir montés sur mon throsne, & recevoir les hommages que leur presente la simplicité des fideles. Je ne veux point vous parler de l'usage qu'ils font de mes biens, que la pieté des anciens Chrestiens a laissés pour l'entretien des pauvres, & qui sont a present au pouvoir d'un seul homme, mais si avide qu'il oste presque toute apparence de Foy au Miracle dont parle l'Evangile. Si J. C. a autre fois avec si peu de pain, & si peu de poisson rassasié tant de milliers d'hommes, on voit aujourd'huy que J. C. avec tant de millions d'or peut a peine assouvir l'avidité d'un seul Pontife. Que V. M. regarde avec quelle insatiabilité Urbain VIII. a des-ja presque devoré toutes les richesses de l'Eglise, & comme il s'en sert uniquement pour entretenir l'insolente fierté, l'Avarice, & la Tyrannie de ses neveux, avec un si grand scandale, qu'on dit a present publiquement que Julien l'Apostat, cet impie, a fait plus de bien a la Crétienté, en dépoüillant l'Eglise de toutes ses richesses, que n'en a jamais fait le pieux Constantin, lequel par tant de thresors dont il l'a enrichie a donnê lieu a des abus si pernicieux. C'est une chose neantmoins qui ne me surprend pas, puisque dés le temps que j'estois sur la terre, je me suis accoustumé a voir partager mes dépoüilles par ceux mêmes qui me crucifioient. Ce qui m'accable seulement est de voir que les déreglemens de mon épouse soient publics à tout l'Univers; Le murmure qu'ils excitent chés toutes les Nations me comble de doüdouleurs. Ses infamies courent desja dans les discours, & les escrits d'un chacun, quelque soin qu'elle apporte à les cacher. Les uns l'appellent une Babylone avare, les autres un nid d'Hyppocrisie, d'autres une escole d'impieté, & un asyle des plus grand Crimes, un bordel enfin, où sans honte & sans pudeur les plus infames débauches se commettent tous les jours: & l'honneur Divin pourroit demeurer sans tâche avec une si horrible adultere? Autrefois, Souverain Pere, j'ay avalé le Calice de ma passion par l'amour que je portois à l'Eglise Romaine: a present ses ordures, & ses laideurs me donnent trop de dégoust pour vouloir en avaler un second. Je suis alors mort pour elle, parce que je devois ressusciter glorieux, mais je ne veux pas maintenant vivre avec elle, parce que je suis en danger de perdre ma reputation & mon honneur dont l'inl'interest importe trop à un Dieu, pour le risquer sans necessité. Je deviendrois le mespris de tous les peuples, si je souffrois plus long temps ses infamies avec dissimulation ; leur excés ne peut plus apporter de reconciliation entre nous sans me deshonorer. Je vous demande donc instamment le divorce, Souverain Pere, & je ne crois pas que V. M. me le refuse, puis qu'autrement mon deshonneur deviendroit bientost commun a toutes les personnes de la Trinité.

Le Pere Eternel persuadé par les raisons du fils se dispose à le satisfaire : Mais pour proceder avec les circonspections ordinaires de la Justice Divine, il ordonne à St. Paul de se transporter en terre, affin d'entendre les plaintes des Mortels, & de faire une diligente information des actions

actions de l'Espouse Romaine, & il luy parle ainsi.

PAUL, les desordres que cause une femme impudique sont toûjours trés grands: Le Ciel même ne peut pas se vanter d'en estre exempt? Mon Fils unique vit dans le trouble & la douleur qu'il ressent des dereglemens de l'Eglise Romaine son Epouse. J'ay tâché de le porter à la reconciliation avec elle, mais luy qui se sent trop offensé, & qui prevoit que le naturel perverti de cette adultere ne se corrigera jamais, demeure ferme à demander le Divorce. Que peut-on refuser a un fils unique, & sur tout quand ses raisons sont appuyées de la Justice? Je ne pretends neantmoins rien conclure sur la seule exposition de la partie interessée, quoique le Verbe Eternel ne puisse mentir, & que les débordements de l'Espouse me soient assés connus. La Justice Divine, quelque bien instruite qu'elle soit des pechés des hommes, a accoûtumé, pour donner l'exemple aux humains, d'user de mille precautions dans la fulmination de ses châtimens : afin donc que nos resolutions ayent un fondement juste & équitable, nous t'ordonnons de te transporter sur la terre pour écouter les plaintes des mortels, & pour faire une information exacte de la vie, & des mœurs de l' épouse Romaine. Il y aura quelque danger dans cette entreprise, parceque l'adultere a coûtume aujourd'huy, pour cacher ses crimes, de poursuivre avec ardeur ceux qui se meslent d'escrire la verité de sa conduite; mais nous sommes asseurés que la vertu éprouvée de ce Paul, qui a sçû si bien autrefois supporter les persecutions des méchants pour l'honneur de J. C. ne se démentira pas encore en cette occasion.

Saint

Saint Paul obeït promptement au Seigneur, & aprés avoir pris la forme humaine, il descend en terre. Il arrive a Lucques, où ayant appris la revolte de cette Republique, il en demande l'origine, pour donner commencement au Procés: Un habitant respond ainsi à ses demandes.

Entre tous les Papes de nôtre Siecle, le plus prodigue de Jubilés & d'indulgences a été Urbain VIII. jusques dans ces derniers temps qui sont aussi les dernieres années de sa vie: Mais peut-être pour faire voir au monde que sa Jurisdiction ne s'étend pas moins sur les maledictions que sur les benedictions, il veut enfin, pour changer de style, mettre en œuvre l'usage des Excommunications. Il a fait tomber l'effort de ses premieres censures sur cette petite Republique, pour imiter

imiter ceux qui ont accouſtumé d'éprouver d'abord la force de leurs poiſons ſur les plus petits animaux. La complaiſance avec laquelle tous les Princes ont diſſimulé noſtre desaſtre, luy a donné matiere a fulminer de ſecondes Cenſures contre le Duc de Parme, de ſorte qu'on ne doit plus s'attendre dans toute la Chreſtienté qu'a des Cenſures, puisque ſi les choſes de ce monde ſe gouvernent par une viciſſitude égale, il eſt neceſſaire que les Excommunications ſoient desormais auſſi abondantes que les jubilés ont été frequents. A l'égard de nôtre differend avec le Pape les cauſes & les raiſons en ſont connues a tout le Monde. Je vous diray en peu de mots que la premiere origine de tous les malheurs eſt venue de l'inſolence insupportable des Eccleſiaſtiques, qui nous a contraints a de juſtes reſſentiments. Il paroiſt étrange au Pape qu'une qu'une aussi petite Republique que la nostre ait la hardiesse de se ressentir des outrages qu'elle a reçus du Clergé : Mais il devroit bien plustôt compatir a son malheur, & considerer que cet Estat est trop resserré pour pouvoir contenir une si grande insolence. Cependant il continue avec obstination dans ses Censures, & il aime mieux voir nôtre perte que de moderer l'insolence de ses Ministres. Mais nous qui sommes persuadés de n'avoir commis aucun crime qui puisse nous priver de la presence de Dieu, nous nous consolons dans nostre malheur par le souvenir de Balaam qui maudit autrefois injustement le peuple d'Israël. Nous n'avons pas laissé neantmoins de travailler à nôtre accommodement par l'entremise de quelques personnes d'authorité auprés des Cardinaux neveux, afin qu'il leur plût employer leur credit sur l'éprit du Pape pour le le fléchir, dans l'esperance ou nous sommes que les paroles de quelque asne pourront produire un nouveau Miracle : Cependant il n'en est pas arrivé encore jusqu'a present. Les Barberins sont armés, & cet interest temporel nous oblige a souhaiter la reconciliation. Au reste, pour ce qui regarde nôtre âme, si l'Excommunication a la force de nous separer de l'Eglise presente, nous estimons que c'est une affaire Capitale d'être separés d'un Corps si infect, sans être témoins davantage de tant d'exemples continués d'une vie Sacrilege, & deslivrés du desespoir auquel nous reduit la Tyrannie Ecclesiastique. Nous mettons donc toute nôtre confiance dans la Justice de nôtre cause, & dans le secours de ces Sages Princes qui ne permettront pas que l'avidité du Pape introduise de telles Censures avec tant de fruit, puisque si cette voye luy reussissoit pour s'ems'emparer du bien d'autruy, tout le Monde peut s'asseurer que comme chaque jubilé étoit auparavant un pretexte pour établir un impost, chaque Excommunication sera a l'advenir un pretexte pour les vols, & les usurpations.

St. Paul ayant entendu les plaintes de ceux de Lucques, passe à Parme, ou sous l'habit de Religieux ayant trouvé le moyen de s'insinuer dans les bonnes graces du Duc, il tache d'apprendre de luy les sujets de chagrin qu'il a contre l'Eglise Romaine: Le Duc luy parle ainsi.

Le Monde est a present trés-bien instruit des raisons de mon chagrin contre l'Eglise Romaine; elles ont esté publiées non seulement par mes Manifestes, mais aussi par quelques plumes particulieres qui ont bien voulu deffendre la justice de ma ma cauſe. Mais puis qu'il vous plaiſt, ô bon Religieux! d'entendre de ma propre bouche l'origine de ces deſordres, je vous la raconteray avec cette brieveté qui convient mieux maintenant a mes occupations continuelles, qu'a la nature de l'affaire dont il s'agit. Scachés donc que ma maiſon par des beſoins particuliers a érigé dans Rome un mont appellé le mont Farneſe, au ſujet duquel je ſuis obligé de payer une rente annuelle a differents creanciers. Urbain VIII. qui ſur la fin de ſes jours s'adviſe d'avoir l'humeur guerriere, a eu l'imagination de baſtir ſur ce mont une Fortereſſe de diverſes pretentions qu'il veut faire valoir, dans le deſſein d'attaquer mon Duché de Caſtro. J'aurois dû dans l'embarras de mes affaires attendre de Rome du ſecours, & du ſoulagement, & non pas de l'oppreſſion, d'autant plus que les grands ſervi

ce

ces rendus par mes anceſtres au St. ſiege parlent encore a la gloire de leurs cendres: Mais outre que la reconnoiſſance eſt entierement eſtouffée dans le Cœur des Eccleſiaſtiques, leur Charité eſt auſſi tellement eſteinte, que la neceſſité, dans laquelle je me trouve par les dettes du mont dont je vous ay parlé, n'eſt pas capable d'eſmouvoir le Pape a compaſſion. Le deſir qu'il a d'enrichir ſes neveux, premier mobile dans ce Siecle de l'eſprit d'un Pape, prevaut à toute autre raiſon, & la ſuperiorité de ſes armes aux miennes eſt le moyen qu'il trouve le plus prompt pour me depoſſeder de mon bien. La Tyrannie d'Urbain VIII. ne s'en tient pas la, & il pretend aprés m'avoir excommnnié, que ne je dois pas témoigner le reſſentiment que j'ay de cette injuſtice, affin qu'étant ainſi ſeparé du reſte des fideles, aucun ne puiſſe entendre mes plaintes, & me me donner du ſecours : Cruauté inoüye d'un Paſteur qui eſcorche ſes brebis toutes vives, & qui ne veut pas du moins qu'il leur ſoit permis de reſſentir la douleur & de ſe plaindre ſuivant leur inſtinct naturel ! afin de donner un pretexte legitime a ſes Cenſures, il me fait paſſer pour un fils rebelle au Pere commun de la Chreſtienté, mais il devroit ſe regarder luy même comme un Pere ennemy de ſes enfants qu'il dépoüille injuſtement : n'eſt-ce pas la ce que vous vous dites a vous même ! il pretend s'attirer la veneration des peuples comme Succeſſeur de Saint Pierre, pendant que fort éloigné d'imiter ce Saint, il bouche ſes oreilles aux paroles de J. C, qui luy ordonne de remettre l'eſpée dans le fourreau. J. C. a étably un Royaume pacifique, & n'a jamais voulu que ſes intereſts ſe traittaſſent avec les armes temporelles ; neantmoins les Papes d'aujourd'huy jourd'hûy ont couſtume de s'en ſervir, parce qu'ils traittent des intereſts tout opposés a ceux de J. C. C'eſt en cela, ô bon Religieux! que j'éprouve un malheur bien plus grand que celuy de Malchus, parce que ſi Malchus fut bleſſé par le glaive de Pierre, il fut auſſi guery par la main même de Pierre; Mais je me trouve aujourd'huy bleſſé par l'eſpée de Pierre qui eſt ſur la terre, ſans recevoir une pareille gueriſon de la main.

Saint Paul étant party de Parme va à Florence, ou s'étant introduit a la Cour, il entend un jour le grand Duc fort en colere qui parloit a quelqu'un de ſon Conſeil en ces termes.

Urbain VIII. pretend donc que les Eccleſiaſtiques ſoient exempts de l'impoſt & droit de moûture au quel

quel les intereſts de mon Eſtat m'obligent de ſoûmettre tous mes ſujets ſans exception ? & quel eſt cet homme qui s'attribüe une authorité temporelle dans les Eſtats d'autruy ? aux temps de J. C. on n'a point refuſé de payer les tributs aux Princes ſeculiers, & on le refuſera aux temps d'Urbain VIII. Donc la ſimplicité credule des Laiques ſera tous les jours engagée à payer des impoſts a l'avarice inſatiable des Eccleſiaſtiques, & eux mêmes devront en être exempts? Qui a jamais laiſſé aux Eccleſiaſtiques par legs ou autrement les biens qu'ils poſſedent, francs & quittes des redevances que porte avec ſoy la nature d'un bien ſoûmis au domaine d'autruy ? Ou qui oſera dire que le Legs d'un particulier ait la force de déroger a la Juriſdiction publique des Princes ? Ce ſont icy de nouvelles Loix, mais capables de troubler tout le Monde, & in-

tro

troduites ſeulement par ces Papes qui avec la Doctrine de l'Evangile ont oublié que J. C. luy meſme quand il étoit ſur la terre a payé le tribut à Ceſar, n'étant venu dans ce Monde que pour accomplir les Loix, & non pas pour les détruire; & nous admettrons aujourd'huy dans nos Eſtats libres une Authorité laquelle contre les ordres, & l'exemple même de J. C. pretend renverſer la puiſſance des Princes, & les fouler aux pieds? eſt-cela le Ciel que J. C. promet a quiconque ſuivra ſa Loy? Ou pluſtôt l'enfer que merite celuy qui croit trop legerement à une Egliſe adultere? Je remarque aſſés que les Eccleſiaſtiques par une conduite toute oppoſée a leur devoir engagent la ſimplicité des ſeculiers a payer des droits pour les indulgences, les diſpenſes, la parole de Dieu, les ſacrifices des Autels, enfin pour tous les autres Sacrements

que

que la Divine bonté a accordés liberalement aux fideles, & en pardon. Mais que dis-je? l'Avarice des Ecclesiastiques est montée a un tel excés, qu'ils ne permettent pas mesmes aux malheureux agonizants de passer de ce Monde dans l'autre sans les avoir contraints auparavant sous pretexte de Legs pieux a payer une espece de Gabelle, dans le moment même que ces infortunés vont expirer: Ils nous forcent à acheter nôtre tombeau, & nous vendent de cette maniere jusqu'aux embrassements de nostre Mere commune qui est la Terre: Et moy qui suis né Prince Souverain, il ne me sera pas permis dans mes Estats de mettre sur le Clergé une aussi petite imposition qu'est celle du droit de moûture? Que le Pape fasse tout ce qu'il voudra, qu'il fulmine autant d'excommunications qu'il croira necessaires pour épouvanter les fermiers de mes Gabelles; je sçau-

ray

ray bien me deffendre, & parer a ſes coups : Je commettray pluſtôt les Juifs a l'exaction de mes droits, & ainſi je ne permettray point que mes Eſtats ſoient inquietés par cette avide Tyrannie qui ſous le manteau de la Religion s'eſt gliſſée dans la Chreſtienté pour nous dépoüiller entierément des biens qui nous appartiennent.

Saint Paul ayant compris par les paroles du Grand Duc le ſujet de ſa colere contre le Pape, ſe reſout d'aller à Veniſe, où étant a peine arrivé il trouve dans la ruë un papier eſcrit qui étoit tombé par hazard de la poche de quelqu'un : Le contenu de cet eſcrit eſtoit en ces termes.

A D-

ADVIS

A la Serenissime Republique de

VENISE.

ENtre toutes les Puissances qui reconnoissent le Siege Apostolique, vous estes la seule, Serenissime Republique, qui sans donner dans le piege d'une indigne Superstition, conservés vos Estats libres du danger qu'elle traisne aprés elle sous le masque de la Religion. Vous avés pour cela ordonné il y a plusieurs années par une Loy aussi sage que Politique, qu'il ne fust plus permis aux Ecclesiastiques d'heriter dans toute l'estendüe de vos Estats des biens stables & immeubles; parce que le nombre des morts augmentant chaque jour, & par consequent le nombre des Legs qu'on appelle pieux, on verroit par Succession

cession de temps les Ecclesiastiques se rendre Maistres de tous les biens qui dans l'usage ordinaire de vos sujets Laïques sont destinés au service de Vôtre Serenité. Tous ceux qui n'ont point de prevention aveugle en faveur de la Cour de Rome, sont obligés de loüer la sagesse de vos édits; mais ceux qui font profession d'aimer particulierement la grandeur de Vôtre Gouvernement, sont obligés aussi de vous remontrer que le bien public a besoin de Vôtre Souveraine Prudence pour remedier a deux autres abus qui ne sont pas moins importants.

Le premier consiste dans la perpetuité des Legs : En effet que sert-il d'ordonner que les biens stables & immeubles ne puissent être possedés par les Ecclesiastiques, si par la multiplicité des Legs perpetuels qu'on a accoûtumé d'asseoir & d'assigner sur ces mêmes immeubles, on permet que tous les revenus en ſoient aliénés? quelle difference y a-il pour lors entre un Legs perpetuel, & un bien immeuble? & quel advantage vos ſujets pourront-ils tirer de la Loy dont je viens de parler, ſi au lieu d'eſtre privés de la proprieté des fonds, ils doivent demeurer tousjours privés de l'uſufruit? C'eſt même un plus grand bien pour le Clergé, parce que pendant que les heritiers Laïques du Teſtateur ſupportent tout le poids des Charges publiques; pour conſerver leurs fiefs, les Eccleſiaſtiques en vertu de leurs Legs perçoivent les revenus annuels ſans aucune Charge. Le Zele de vôtre prudence ordinaire s'excitera davantage, quand elle conſiderera que cette perpetuité de Legs a été introduite plû-toſt par la fraude & l'avarice des Eccleſiaſtiques, que par le beſoin des ames des deffunts; puiſque ſi les peines du Purgatoire ne ſont qu'a temps, comme on le dit,

dit, par quelle raison la simplicité des fideles se laissera t'elle abuser au point que d'établir en veüe de ces peines des Legs, & des fondations perpetuels? Outre toutes ces choses, Vôtre Serenité doit considerer que l'obligation de dire les messes augmentant tous les jours avec le nombre des Legs pieux; il devient aussi d'une necessité absolüe, ou d'augmenter incessamment le nombre des Ecclesiastiques, gens neantmoins trés inutiles au service public, ou de tromper le desir & la volonté des Testateurs; ce qui est tellement vray, que si le public vouloit prendre garde avec soin a ce que je dis, il verroit que les Prestres ne s'acquittent pas, même pour la moindre partie, des Messes auxquelles ils sont tenus tous les jours, & ils croyent mettre leur conscience en seureté, lors qu'ils disent que la Messe étant en elle même d'un prix infini, une seule peut subvenir a la neceſſité de pluſieurs ames. Je ne ſuis point contraire a cette Doctrine, mais je conclus en même-temps, que ſi une Meſſe peut ſubvenir aux beſoins de pluſieurs ames, une Meſſe pourra encore ſuffire pour les beſoins d'une ame ſeule, & qu'ainſi le reſte deviendra un nombre ſuperflu, & introduit ſeulement par l'avarice, & la tromperie des Prêtres.

Le ſecond abus conſiſte dans le grand nombre des penſions que l'Etat Venitien paye tous les ans à Rome; a l'occaſion dequoy je trouve a propos de dire a Vôtre Serenité, que la Cour de Rome reſſemble proprement a la ſeconde region de l'air, ou les foudres ſe forment contre la terre, par les exhalaiſons qu'elle pouſſe en haut : De même la Cour de Rome établit ſa Puiſſance pour accabler les autres Eſtats par le moyen des penſions qu'elle en reçoit. Mais il n'en faut

faut pas davantage pour faire comprendre aisément a la prudence de Vôtre Serenité tout ce que j'avois a luy proposer.

Saint Paul pendant son sejour à Venise voit mener en prison un Ecclesiastique par ordre du Tribunal seculier, Il demande la raison pour laquelle l'Authorïté seculiere estend dans cette Ville sa Jurisdiction jusques sur les personnes des Ecclesiastiques : Un Venitien l'en informe de cette maniere.

La Republique de Venise ny par caresses, ny par menaces ne s'est jamais détournée du droit chemin que luy fait tenir sa prudence consommée. Entre les prerogatives qu'elle a toûjours eü soin de se conserver, contre les pretentions de la Cour de Rome, elle en a une particuliere, qui est de pouvoir punir les Ecclesiastiques quand ils

 tom-

tombent dans le crime, parce qu'elle est persuadée que le Ciel luy a accordé une Puissance generale & absoluë dans ses Estats. Cette Republique sçait fort bien que Dieu aprés avoir autrefois étably l'authorité Royale sur le peuple d'Israël, il la remit entre les mains de Saül toute entiere, & sans exception: Cependant il y avoit dans les Tribus un grand nombre de Prêtres & de Levites. Par quelle raison donc le tître de Prêtre pourra-t'il soustraire les peuples de l'obeïssance a laquelle ils sont tenus envers leurs Princes naturels par un Commandement exprés de Dieu même? Sa Divine bonté a institué les Sacrements pour purifier nos ames des taches du peché, mais non pas pour effacer sur nos Corps le caractere de sujets.

Jamais la Loy de J. C. n'a été incompatible avec la Puissance temporelle des Roys, sinon dans l'esprit

prit de quelques ſeditieux qui cherchent tous les moyens de la décrier. Les Eccleſiaſtiques qui interpretent tout a leur advantage, pretendent ſe ſouſtraire de l'authorité ſeculiere par ces paroles de J. C. *nolite tangere Chriſtos meos* : Mais les perſonnes qui ont l'eſprit juſte & le diſcernement bon, voyent aſſés combien ces gens-là ſe trompent dans le ſens qu'ils donnent a ces paroles ; Car quoy que Dieu ait deffendu expreſſement a tous les hommes l'homicide, il a neantmoins permis a ceux qui ont authorité ſur les peuples d'oſter la vie aux ſcelerats. Dans l'adminiſtration de la Juſtice, les Princes Laïques repreſentent Dieu même, & ainſi la pretention de ſe ſouſtraire a leur authorité n'eſt autre choſe qu'un deſſein formé de ne ſe point ſoûmettre a l'authorité Divine. Si les Eccleſiaſtiques interpretoient l'Eſcriture pluſtôt ſelon la raiſon que ſelon leurs passions, ils verroient bien que ces paroles, *nolite tangere Christos meos*, n'ont point d'autres sans que celuy qui deffend de maltraitter les veritables Ecclesiastiques qui par la Sainteté de leur vie, & l'innocence de leurs mœurs meritent le tître d'Oingts du Seigneur. Quand un Ecclesiastique devient scelerat, il perd ce tître Sacré, par consequent le privilege qui y est attaché, & ainsi le Clergé de ce temps ne peut pretendre d'être exempt des Chastimens de la Justice temporelle, a moins qne J. C. n'ait dit, *Nolite tangere Antichristos meos.*

Cette Republique qui connoist la verité des choses jusques dans sa source, ne donne point a la fausseté interessée des opinions d'autruy les moyens d'offusquer ses lumieres naturelles. Si un Ecclesiastique peut pecher temporellement contre un Estat, elle croit avec raison qu'il peut-

peut-être puny temporellement, & par l'authorité a laquelle Dieu a commis le ſoin de l'Eſtat. Les Royaumes ſeroient expoſés a des revolutions, & a des perils trop evidents, ſi les Crimes qui peuvent troubler leur repos n'avoient d'autres Chaſtiments a craindre que ceux qu'ils pourroient eſprouver de la part d'un Prince étanger, qui n'ayant pour toute regle que les intereſts particuliers de ſa Politique, au lieu de punir les Crimes, les tolereroit au grand danger, & même a la perte infaillible des autres Princes. On peut prendre pour exemple de cette verité pluſieurs Eſtats d'Italie, ou l'authorité du Pape eſt toute puiſſante: Ce ne ſont que troubles & que deſordres cauſés par l'inſolence des Eccleſiaſtiques qu'on laiſſe impunie; & quelle autre choſe peut-on attendre dans la ſuitte, ſinon que les Eccleſiaſtiques aprés s'être ſouſtraits de l'aul'authorité seculiere s'armeront en troupes, feront de leurs maisons autant de forteresses, & aprés avoir abbatu l'authorité Royale établiront dans les Royaumes mêmes d'autres Royaumes? La Republique de Venise avec sa prudence ordinaire ne souffrira jamais que ses Estats soient exposés aux malheurs d'une guerre que luy pourroit attirer l'insolence de ses propres sujets soustenus d'une puissance étrangere: Elle punit les Ecclesiastiques quand ils pechent temporellement contre le repos de l'Estat; & s'il paroît étrange aux Papes que les Venitiens s'attribuent une Jurisdiction temporelle sur les personnes des Ecclesiastiques, il paroît bien plus étrange aux Venitiens que les Ecclesiastiques usurpent une Puissance Mondaine & seculiere sur les personnes des Laïques, pendant qu'ils sçavent fort bien que J. C. a dit publiquement, que

son

son Royaume n'étoit pas de ce Monde.

Saint Paul curieux d'apprendre les raisons des nouveaux differends d'entre la Republique de Venise, & la Cour de Rome, en est informé par un Noble Venitien en ces termes.

l'Eglise Romaine à toûjours reçu de nous les services & les respects qui pourroient être deus a une legitime épouse de J. C. elle les a neantmoins souvent fort mal reconnus, & a même conjuré nôtre perte. Enfin pour comble d'ingratitude, elle a voulu encore depuis peu bannir entierément de chés elle la memoire de ces fameux services, qui pendant tant de siecles ont exercé la plume des plus sinceres historiens, & que les Papes precedents par un mutuel accord ont honorés d'Eloges publics. Le Lion Venitien soufire avec peine de se voir refuser une gloire qui a toûjours été le motif de ses plus généreux desseins, & il nous paroît fort étrange, qu'aprés que Venise a donné retraitte a un Pape fugitif, & qu'elle l'a remis sur le Thrône, aux despens de ses thresors & de son sang, les Papes ayent la dureté & l'ingratitude aujourd'huy de ne vouloir pas admettre chés eux le souvenir d'une si grande faveur. La Republique neantmoins pour n'en point venir a aucune extremité avec l'Eglise Romaine sur ce point, est demeurée d'accord pour adjuster toutes choses d'entremettre l'authorité de la France: Mais Urbain VIII. tout different de St. Pierre ne se reconnoist pas, & il n'a pas dessein de se corriger, puis-qu'il nie la verité aprés le chant du Coq * au contraire persistant dans son opi-

* allusion du mot Italien, Gallo, a celuy de François.

opiniastreté a ne point rendre a la Republique les éloges qui luy ont été donnés par ses Predecesseurs, il se contente par un caprice d'insensé d'usurper a l'Eglise le glorieux témoignage qu'elle peut rendre d'avoir été servie par les Princes. Cette ancienne inscription qu'on voyoit dans le Vatican, & qui marquoit la reconnoissance de l'Eglise pour les grands services qu'elle avoit reçûs des Venitiens. Cette inscription que le temps n'avoit pû détruire jusqu'a present, a été enfin destruite par les Barberins, peut-être parce qu'ayant banny toutes sortes de vertus de Rome, il leur déplaisoit devoir la reconnoissance paroître encore dans leur maison, ou plustôt parce que les Barberins ne croyent pas être obligés de reconnoître les services qu'à reçû l'Eglise dont ils sont plustôt les ennemis que les Gouverneurs. Cependant nous ne pouvons que nous scan-

ſcandaliſer avec quelque reſſentiment d'une ſi noire ingratitude, mais nous nous conſolons neantmoins par la certitude ou nous ſommes que le Pape, tout mal intentionné qu'il eſt, ne peut pas nous faire plus de mal que celuy qu'il nous a fait dans l'enceinte de ſon Palais.

Saint Paul étant party de Veniſe, forme la reſolution de venir dans l'Eſtat de l'Egliſe. Il prend la Mer jusqu'a Ancone: Pendant le voyage il s'accoſte d'un ſujet du Pape qui aprés une longue abſence retournoit dans ſa patrie auprés de ſes parens: Il l'interroge ſur ſa naiſſance, & ſur les raiſons qui l'ont porté a entreprendre un ſi long voyage qui reſſembloit pluſtôt a un exil: Le Voyageur raconte ainſi ſes malheurs à St. Paul.

Je ſuis né ſujet du Pape; c'eſt aſ-

ſes

ſés pour dire malheureux. Le Gouvernement Civil dans mon pays eſt entre les mains des Eccleſiaſtiques: Les abus que commettent ceux qui ont l'authorité en main, leurs cruautés, & leurs rapines continuelles ont reduit a la derniere miſere ceux qui ſont ſoûmis a la puiſſance temporelle de la Cour de Rome, & ont rendu ſa domination inſupportable. Je ne pourrois jamais ſuffire a vous faire bien comprendre la dureté de ce gouvernement. Que tout le Monde s'imagine par la Tyrannie que Rome exerce dans les Eſtats des autres Princes, ce qu'elle doit faire dans le ſien propre. J'ay été forcé de m'éloigner de chés moy à cauſe d'une taxe, dans laquelle j'avois été compris, pour le *bien vivre*, c'eſt le nom qu'on luy donne. Cette taxe eſt une nouvelle maniere de confiſquer le bien des ſujets pour les cauſes les plus legeres. Quand on voit un jeune homme me riche, & qui par l'ardeur du ſang, & le feu de la jeuneſſe a du penchant a quelque bagatelle, auſſitoſt par un Edit public il eſt contraint de payer une groſſe ſomme d'argent ſur la moindre denonciation qu'on a fait contre luy.

Il y a encore un autre moyen pour exercer ces exactions, qui eſt de faire en ſorte que le moindre coup qu'aura donné un homme paſſe pour un aſſaſſinat, & la parole la plus legere pour une mauvaiſe action. Tout paſſe ſous le nom de transgreſſion, & de déſobeïſſance aux Loix, pour faire tomber les pretendus Criminels dans le cas de la taxe, quoyque ſouvent le delit ſoit autre choſe qu'une ſimple faute de jeuneſſe un peu libertine. Celuy qui ne peut s'aſſeurer d'être maître du premier mouvement de ſa colere eſt obligé de ſe bannir volontairement pour éviter les rigueurs de cette juſtice, qui pour

la

la faute la plus legere ne le menace pas moins que d'une perte totale. Mais ce n'est encore que la moindre partie des cruautés que nous éprouvons ; écoutés, ô bon Religieux, des Barbaries bien plus grandes.

Les Ministres de l'Estat Ecclesiastique sous pretexte de Zele pour nôtre salut ont coustume d'envoyer dans les maisons des particuliers faire une recherche exacte, pour découvrir si quelqu'un n'a point une Concubine avec luy. Je ne dis rien davantage a qui peut comprendre bien miex que moy les violences que cette troupe infame du Barigel & des Sbirres exerce dans nos maisons sous un tel pretexte : Toutes choses y sont abandonnées a l'avidité de leurs regards, & a l'insolente rapidité de leurs mains. Il n'y a point d'endroit si retiré ou on puisse câcher sa femme ou sa fille, qu'ils n'y aillent inconcontinent porter leur impudente curioſité. Les joyaux mêmes, & les actes & contracts qui ſont les dernieres eſperances de nos fortunes particulieres, ſont tirés des coffres ou on les enferme ordinairement, pour être enſuitte expoſés a un inventaire rigoureux quoyque les maîtres & poſſeſſeurs de ces biens ſoient encore vivants.

Quiconque veut s'exempter de ces violences doit avec une main prodigue ſe rendre favorable l'inſolence des Miniſtres. Comme on peut gagner leur diſſimulation ſur toutes ſortes de deſordres moyennant de l'argent, il arrive que les plus infames débauches deviennent permiſes, & ſe commettent même avec impunité dans les maiſons de quelques particuliers; ainſi nous ſommes obligés non pas d'eſviter, mais d'acheter le peché a prix d'argent. Mais nos malheurs ne s'arreſtent pas-la, bien ſouvent nous voyons entrer dans nos maiſſons ſous l'eſcorte du Barigel ces jeunes gens qui ſont les Mignons & les favoris des Prelats Gouverneurs, & qui ayant perdu leur honneur dreſſent des pieges a celuy des autres. C'eſt de cette maniere que nos maiſons ſont expoſées a la honte & a l'infamie ſous le pretexte d'un Zele Spirituel. Mais que vous diray-je de l'extreme rigueur, & de la ſeverité inhumaine avec laquelle dans l'Eſtat Eccleſiaſtique on a accouſtumé de punir la moindre faute des pauvres pécheurs: ne ſoyés pas ſurpris, bon Religieux, que je me ſerve du mot de pauvres: La Juſtice Eccleſiaſtique eſt auſſi rigoureuſe aux pauvres, qu'elle eſt venale aux riches. Ainſi ſous un tel Gouvernement on ne voit perſonne qui ne ſoit mécontent, le pauvre parce qu'il ſe voit accablé par les cruautés des Gouverneurs, le riche parce qu'il voit ſes

ſes biens a tout moment expoſés a leur incroyable avidité. Il eſt vray que dans les Eſtats des autres Princes on a auſſi quelques maux a ſouffrir, parce que l'authorité du Gouvernement étant remiſe entre les mains de pluſieurs Miniſtres, il s'en trouve ſouvent dans le nombre quelqu'un de méchant; Mais enfin les ſujets ſe peuvent conſoler en quelque maniere par la voye qui leur eſt ouverte de porter leurs plaintes au Tribunal du Prince Souverain, lequel regardant les peuples comme ſes propres ſujets, ne veut point leur perte. Mais dans l'Eſtat du Pape on n'a point ces égards; Celuy qui a le pouvoir ſupréme ne commande que pour un temps, & dans l'attente ou il eſt que chaque moment va luy ravir le Gouvernement, il traitte les peuples comme des ſujets qui luy ſont étrangers; il ſe met peu en peine de leurs malheurs, pourveu qu'il qu'il laiſſe a ſes heritiers les grandes richeſſes qu'il a amaſſées pendant ſon Pontificat, qui n'eſt pas auſſi bien pour demeurer dans ſa maiſon. Les Miniſtres ſubalternes ſe reglent ſur l'exemple de leur maître; Ils ne craignent point les plaintes & les denonciations qu'on peut faire contre eux, parce qu'ils ſont dans la grande faveur, & qu'ils ne ſont d'ailleurs envoyés au gouvernement des Villes que pour ſe dédommager des ſommes qu' ils ont données a la Cour, & aux Grands pour obtenir ces dignités: C'eſt une eſpece de concert entre leurs concuſſions, & le conſentement ſecret du Pape regnant. Mais, mon Pere, je ne veux pas fatiguer plus long-temps vôtre attention par le recit de nos miſeres: Je vous diray ſeulement que ſous la domination des autres Princes les Juifs éprouvent des meilleurs traittements que ceux que nous éprouvons

vons ſous la domination des Ec-cleſiaſtiques : Cela ne doit point vous ſurprendre, puiſque les Ec-cleſiaſtiques de nôtre temps ſont peut-être plus ennemis de la Loy des Chreſtiens, que les Chreſtiens eux mêmes ne le ſont de la Secte des Juifs.

Pendant que le Vaiſſeau dans lequel eſt St. Paul fait voiles vers Ancône, il ſurvient une tempeſte qui le pouſſe ſur les côtes de la Dalmatie. St. Paul prend terre à Raguſe, ou il trouve un paſſager Maronite qui étoit party de Rome quelques ſemaines auparavant. Saint Paul ne veut point perdre l'occaſion de s'informer de luy de ce qu'il ſouhaitte : Il l'interroge ſur ſa patrie, ſur les motifs qui l'on conduit en Italie, & enfin ſur les penſées qu'il pouvoit avoir de Rome, Le Maronite reſpond ainſi à toutes ſes demandes.

Mon

Mon Pays est l'Armenie, & je suis Chrestien : Le motif qui m'a conduit en Italie n'a été autre que le desir d'apprendre les Veritables preceptes de la Doctrine Catholique, qui dans nos pays se trouve fort alterée par la multiplicité des Sectes qui y sont confonduës les unes avec les autres. Il y a à present onze ans que je suis arrivé en Europe, & je me suis arresté particulierement à Rome, y ayant été attiré par la Renommée qui pour l'ordinaire represente dans l'éloignement les choses toutes differentes de ce qu'elles sont en elles mêmes. Je me figurois cette Ville, qui se nomme la capitale de toute la Chrestienté, comme une escole de Sainteté, & un modele parfait d'innocence. Il est vray qu'a la premiere veuë je crûs ne me point tromper par cette apparence exterieure qui éblouit quelquefois les yeux des credules. La Magnificence

cence des Temples Sacrés, le nombre des pardons, le concours du peuple aux devotions, & a la visite des lieux Saints, me donnerent d'abord une si grande opinion de la pieté Romaine, que quand je commençay ensuitte a observer plus distinctement la vie & le faste des Cardinaux, que je trouvois si peu conformes a la Loy de J.C. j'attribuois le sujet de mon scandale plustôt a ma grossiereté, qu'au défaut de Religion que je croyois remarquer dans les autres. Mais je reconnus a la fin que l'homme ne naist point tout a fait stupide. Le temps, & de bonnes reflexions m'ont fait voir depuis, que la Religion Romaine ne consiste que dans un culte exterieur, qu'on pourroit definir assés bien, un certain usage de vivre dans les petits, & une hyppocrisie dans les Grands. Au reste en examinant chaque action sans vous arrester aux apparences

rences, vous verrés qu'elle ne tend qu'a un interest, & a un bien temporel. l'Utile & le delectable sont les deux Poles sur lesquels tournent tous les projets de la Cour de Rome. Si on y paroît suivre J.C. & sa Loy, ce n'est pas comme la derniere fin qu'on se propose, mais comme un moyen d'obtenir les biens de la terre qu'on a seulement en veüe, & j'ay été souvent fort surpris de voir le mespris que ceux de Rome ont pour J. C. qu'ils font servir seulement de pretexte a leurs interests purement mondains. Tous les vices se trouvent renfermés dans cette Ville comme dans leur centre, &, ce qui est de pire, ils sont honorés des noms, & des titres les plus sacrés: Le luxe y paroît sous le nom de dignité & de bienseance Ecclesiastique, l'ambition sous le titre de Majesté, la Tyrannie sous l'apparence de Zele

Chreſtien, & l'on voit les plus ſcandaleuſes débauches s'introduire dans les maiſons des Grands de Rome ſous la figure de plaiſirs innocents, & de recreations ſpirituelles. La flatterie s'eſt établie dans cette Ville avec tant de pouvoir, que toutes les actions de ceux qui ont la diſpenſation des benefices ſont appellées impudemment de ſaintes actions. On y preſche publiquement que le Pape ne peut errer, dans le temps même qu'il fait voir le plus d'erreurs. Dites moy de grace, bon Religieux, ſi le Pape ne pouvoit errer, a quelle fin donc les dogmes de l'Egliſe, & les Canons des Conciles auroient-ils été inſtitués? Il ſuffiroit de ſe regler par la volonté du Pape ſeul ſans importuner les Synodes, & ſans attendre une regle uniforme par l'advis commun de toute la Chreſtienté aſſemblée a cet effet. Mais ſi je puis vous découvrir icy ma pensée, je suis persuadé que les Theologiens qui ne voyent que trop qu'il n'y a pas moyen de Concilier les mœurs des Papes avec les Loix saintes, taschent au moins de Concilier les Loix avec les mœurs des Papes: Que Dieu pardonne a ceux qui par une Doctrine si remplie de flatterie authorisent l'imprudence de tant d'abus qui se commettent tous les jours dans l'Eglise de J. C. ce sont ces malheureux qui en flattant lachement l'ambition ont tiré des cavernes le Siege de St. Pierre pour le placer sur des thrones d'or: Ce sont eux qui par leur basse complaisance pour l'avarice, disent qu'il est permis, & mesme necessaire, pour soûstenir la dignité de l'Eglise, & s'attirer du respect, de rechercher les grandeurs du Monde, quoy qu'ils sçachent fort bien que Dieu a expressement deffendu aux hommes de s'y arrester.

Pauvre Eglise en quel estat es tu maintenant reduite ? Les Ecclesiastiques s'attiroient autrefois la veneration & le respect de tout le Monde par la Sainteté de leur vie, la Profondeur de leur Doctrine, & le bruit de leurs miracles: Ils ne peuvent aujourd'huy se faire respecter que par l'authorité & les grandeurs mondaines, parce qu'ils ne sont respectables par aucun autre endroit : Mais pour arriver a la possession de ces grandeurs dont les fondements sont appuyés la plusspart du temps sur les richesses, quelles voyes détournées & deffendües ne prend-on pas ? quelles iniquités ne met-on pas en usage ? La Loy de J. C. administrée comme elle est par les Pontifes Romains se trouve maintenant confondüe, & changée en une Loy de rapines & de subversion. Considerés, je vous prie, avec attention toutes les démar-

ches

ches qui ſe font dans l'Egliſe de J. C. vous les verrés jointes a l'intereſt de la plus grande avidité. O que les temps preſents ſont malheureux, & deplorables en comparaiſon de ceux auxquels le monde n'eſtoit pas encore éclaire des lumieres de l'Evangile! On a veu pour lors entre les payens s'élever un Alexandre qui avec une ambition immenſe bruſloit du deſir de ſe rendre maître de tout l'Univers, pendant que la Nature qui ſe plaiſt dans les contraires avoit fait naître un Philoſophe, lequel content de la pauvreté meſpriſoit courageuſement toutes ces grandeurs aprés leſquelles le monde court avec tant d'empreſſement. On voit a preſent entre les Chreſtiens s'élever un Pontife qui avec une avidité inſatiable taſche de s'emparer de tout, mais on ne voit pas que le ſiecle ait aſſés de vertu pour faire naiſtre un Eccleſiaſtique, un Prêtre, qui ſe contente de cette pauvreté que le Ciel luy recommande ſi fortement. Si vous n'avés jamais encore eſté, ô bon Religieux, dans l'Eſtat de l'Egliſe, vous trouverés mille occaſions d'être étonné de tant d'abominations qui s'y commettent dans l'exercice du culte divin. Vous n'y entendrés preſcher dans les chaires de verité que des Paradoxes, les Predicateurs n'ayant plus pour but le deſſein d'inſtruire les hommes, mais de leur plaire, parce que l'agrément du diſcours leur attirant un auditoire plus nombreux, ils eſperent de cette maniere rendre plus abondante cette queſte qu'ils ont couſtume de tirer ſous le nom d'ausmoſne.

Mais leur avidité ſacrilege ne s'en tient pas-là. On les voit ſouvent publier mille faux miracles pour gagner de l'argent. On les voit conjurer en public un grand nom-

nombre de possedés, plustôt dans le dessein de vuider la bourse des assistants, que de chasser le démon des corps de ces malheureux Energumenes. Des images ausquelles on ne s'étoit point arresté jusqu'alors deviennent tout d'un coup miraculeuses; mais elles ne sont telles que pour enrichir les Ecclesiastiques qui les possedent; & qui trompent par ce moyen la simplicité des peuples, lesquels s'imaginent aisement que la vertu de faire des miracles s'est a present retirée dans les peintures, & les statües, parce qu'elle ne se trouve plus depuis long-temps entre les hommes. Enfin tant d'abus se sont glissés dans Rome par l'avarice & les concussions des Romains, que je puis augurer avec quelque certitude, que l'apparence même de Religion qui reste parmy eux s'anneantira tout a fait, parce que je remarque que J. C. ne pût vivre long-temps quand il fut mis entre des Larrons ; & si vous me dites que la misericorde de Dieu est grande, je vous répondray qu'elle ne va que jusqu'a un certain terme. Il y a une opinion entre les Theologiens qui veut que Dieu ne se trouve plus present dans le Sacrement de l'Eucharistie, aussi tost que le pain commence a se corrompre : Or si J. C. ne peut pas demeurer un seul moment dans du pain corrompu, comment pourra-t'il demeurer long-temps avec une nation trés corrompüe? Amy, si vous avés dessein d'aller à Rome, & si vôtre salut vous est cher en même temps, tournés promptement vos pas ailleurs ; fuyés plustôt au bout du monde, & dans les extremités des Indes maritimes, ou l'on dit que la vertu & la vraye Religion se sont retirées, peut-être pour s'éloigner davantage de l'infame Rome. On

ne

ne peut voir cette Villè avec seureté pour la veritable Religion Chrestienne : Recevés donc l'exemple de moy ; j'y suis venu de Turquie avec le dessein de m'instruire dans la Religion Catholique ; je retourne a present avec quelque pensée de me faire Turc.

La Mer étant Calmée St. Paul fait voiles, & arrive a Ancone, d'ou il part pour aller à Nôtre Dame de Lorette. Pendant que sous son habit de Religieux il passe auprés d'une maison de Campagne, on le prie de venir en diligence confesser un Cardinal qui se trouve a l'article de la mort : Il y va, & ecoute la Confession de ce Prelat qui luy parle en ces termes.

Je me trouve, mon Reverend Pere, prés de ma fin. Dieu m'appelle pour satisfaire au tribut de la fragilité humaine : Mon ame qui dans ces derniers moments reconnoît toutes ses fautes, craint de paroître devant Dieu aussi soüillée de crimes & de pechés qu'elle l'a été dans ce monde : Il est de vôtre Ministere de m'aider à la purifier, pendant que ces yeux verseront des larmes de penitence, & que cet esprit qui est prest de me quitter s'efforcera malgré les approches de la mort de vous faire un recit général de mes fautes passées.

Sçachés donc, mon Pere, que je reçûs la naissance de parens pauvres : Mais la nature qui a sa part de tous les biens de ce monde, pour les distribuer à ceux qu'il luy plaist d'entre les vivants, se plût aussi à former ce corps avec de si grands talents, que mes parents oserent bien concevoir l'esperance de m'élever dans Rome à une grande fortune.

Je n'avois donc encore que douze ans, lorsque me consacrant non pas à Dieu, mais à l'avarice, & à l'ambition, ils me donnerent un habit Ecclesiastique, & pour établir leurs esperances sur des fondements solides, ils me mirent au service d'un Cardinal. Quand la fin que nous proposons est mauvaise, il est difficile que les moyens pour y parvenir soient bons, de là vient qu'aujourd'huy à Rome pour venir à bout des mauvais desseins qu'on à en veuë, on ne se sert pas de la science, & des vertus qui sont les effets d'une veritable vocation, & les voyes les plus legitimes; mais on employe la flatterie, & le mestier de Courtisan, qui sont les parties les plus viles de cet interest sordide qui n'a pour but qu'un bien purement temporel. J'appliquay particulierement tous mes soins à me rendre habile dans l'art d'un Courtisan, ce qui n'est autre chose qu'une disposition de soy-même a toute sorte de complaisance pour les Grands. Celuy qui se confesse doit dire tout sans reserve; mais, mon Pere, pour m'espargner dans l'Estat où je suis la fatigue de vous raconter jusqu'aux moindres particularités de ma Vie, ayés la bonté de rassembler d'un coup d'imagination toutes les occasions qui peuvent engager dans Rome un jeune homme interessé & aimé à s'abandonner à toutes sortes de crimes, & ensuitte appliqués les moy. J'ay seulement à vous dire que j'eus le secret de gagner entierement l'affection du Prelat mon Protecteur, & j'étois cause aussi qu'il étoit regardé assés favorablement des principaux de la Cour. De cette maniere les pensions pleuvoient sur moy, pour ainsi dire, & je m'estonnois de ce que les anciens avoient écrit que Juppiter s'est s'eſt changé en pluye d'or pour la ſeule Danaë, pendant qu'il s'eſt Metamorphoſé de même tant de fois pour les Ganymedes. Ma jeuneſſe fût exempte de ces paſſions qui tourmentent ordinairement l'eſprit des jeunes gens, comme l'amour des femmes, dont j'eſſayay pour lors [illegible], & je ne le nie pas, mais je me retiray bien-toſt de leur commerce, parce qu'il me paroiſſoit fort étrange d'être reduit aux prieres & aux ſoûmiſſions aupres d'elles, pendant que j'eſtois accouſtumé d'eſtre prié d'ailleurs. Je ne fus neantmoins pas long-temps ſans eſtre obligé de changer de vie par le changement que les années apporterent en ma perſonne; ainſi je m'engageay aprés dans mille galanteries de femmes, & je voulûs éprouver en peu de temps ce que c'étoit que l'adultere, la fornication, le viol, & l'inceſte. Enſuitte j'arrivay à l'âage propre pour la

Preſtriſe, & ayant pris les ordres je veſcûs quelque temps comme retiré dans moy-même, me ſentant porté a quelque amendement de vie par cette componction de cœur qui ſemble naturellement ne pouvoir naître que du reſpect qu'imprime dans nos ames un ſi auguſte ſacrement. Mais enfin une trop grande familiarité a couſtume de degenerer en meſpris. Je commençay d'abord à pêcher avec quelque ſcrupule; enſuitte ma conſcience s'étant rendüe plus hardie, je bannis les ſcrupules. Enfin je m'abandonnay tellement a mon ſens reprouvé, que la fornication, le murmure contre Dieu, & la celebration du Saint Sacrifice de la Meſſe n'étoient plus en moy que l'action d'une ſeule & même heure. Ce ne fût point, mon Pere, un Sacrement, mais le Demon luy-même que je recûs dans mon ame avec le Caractere de Prêtre;

ce

ce fût un Esprit infernal qui m'engagea a ne plus craindre J. C. dont le sacré Corps devoit tous les jours être immolé par mes mains. Je me sentis tout d'un coup disposé à toutes sortes de crimes, & au lieu qu'auparavant je n'estois attaqué d'aucune autre passion que de celle de la débauche, il me sembla pour lors que toutes les passions les plus abominables vinrent m'attaquer à la fois; ainsi il n'y à pas lieu de s'étonner que si Judas fut abandonné jusqu'au point de trahir J. C. son maître dont il avoit reçû une fois le corps indignement, tant de mauvais Prêtres s'abandonnent à l'excés des plus grands crimes parce qu'ils reçoivent tous les jours le corps de leur Createur peut-être plus indignement que Judas même.

l'Ambition, & l'avarice devinrent les compagnes inseparables de mes actions, & elles ne furent que trop

trop entretenuës par les employs du gouvernement que j'ay exercé dans les Villes de l'Estat Ecclesiastique. C'est-là que sans m'acquitter des devoirs d'un bon Pasteur, j'appris bien-tost à tondre le troupeau qui m'étoit confié, & cette facilité à m'accommoder de la laine d'autruy me parût si agreable, que je m'appliquay entierement à cet exercice. Tout ce qui appartenoit aux peuples sur lesquels j'avois authorité me paroissoit crée par la nature pour servir à mes passions, & j'avois en quelque maniere du ressentiment, quand quelqu'un parloit de son bien comme d'une chose qui luy fût propre. Je recevois tousjours favorablement ceux qui m'offroient d'avantage, & je n'ay jamais refusé de presents de qui que ce peût-être. Je ne pouvois souffrir les manieres des Prêtres de l'ancien Testament qui rejettoient plusieurs vi-

ctimes

stimes comme indignes du sacrifice, & je voulois me persuader que par le changement des temps, & des Loix, les Prêtres du Nouveau Testament devoient accepter indifferemment tout ce qui leur étoit presenté; mais, mon Pere, ce n'étoient là que les moindres effets de mon avarice, car quand les particuliers ne me faisoient pas volontairement part de leurs biens, j'employois la violence & la force pour m'en emparer. Je me ressouviens entre autres choses qu'étant allé un jour rendre visite à un Gentilhomme de mon Gouvernement, je vis chés luy quelques tableaux de grand prix, que je souhaittay aussi-tost d'avoir. Je témoignay mon desir à ce Gentilhomme, qui me respondit qu'il n'avoit pas dessein de s'en défaire. Je garday ce refus dans le cœur, & quelque temps aprés ayant trouvé le moyen de m'en vanger, sous pretexte te que le Gentilhomme estoit tombé dans le cas de l'Inquisition, je le fis enfermer dans une prison si triste, & si affreuse, que pour obtenir seulement de la changer en une meilleure, il fust obligé de me donner les tableaux, & pour se tirer tout à fait de prison, il fut contraint de ceder au fisc la plus grande partie de ses biens. Mais cette affaire m'ayant fait craindre que les amis puissants & accredités qu'il avoit à Rome ne vinssent à se plaindre d'une action si cruelle, & si injuste, & qu'ainsi ma fortune encore mal establie ne courust risque d'estre renversée, pour me précautionner contre toute sorte d'accidents, je fis venir le Gentilhomme chés moy, ou aprés luy avoir reproché la grossiereté de son procedé, qui m'avoit contraint par le devoir de ma charge, & de mon inspection sur les mœurs a luy apprendre comme on en doit user a-

vec

vec les Prelats Gouverneurs, je luy promis honnestement pour le dédommager de ses pertes, de l'élever à la Prelature, s'il vouloit prendre l'habit Ecclesiastique, ce qui étoit un seur moyen de tirer advantage de son propre malheur, puisque les sujets du Pape n'avoient point d'autre consolation dans leur misere que l'esperance de pouvoir parvenir à un Estat qui leur faciliteroit les moyens de faire éprouver à autruy ce qu'ils éprouvoient eux mêmes. Je sçûs par de tels moyens gagner un bien si considerable, qu'étant ensuitte retourné à Rome, j'y vescûs avec toute la magnificence d'un Prêlat du premiere Ordre, & avec ce faste si ordinaire à la Cour Romaine. J'egalay tous les autres par la richesse de mes meubles, la magnificence de mes carosses, le nombre de mes Palefreniers, & sur tout de mes Courtisans, & de Musiciens

ſiciens Chaſtrés, déreglement deplorable de l'ambition Romaine qui veut imiter la pompe des Barbares juſqu'aux Eunuques! Onze jeunes garçons ſouffrirent le Martyre d'Origenes pour ſervir & ſe ſoûmettre à mes paſſions infames; pauvres enfants, que ma débauche à rendus chaſtes pour le reſte de vôtre Vie par un ſi étrange effet! pendant que j'apportois tous mes ſoins a mener une vie ſi contraire à la Loy de J.C. Le Cardinal mon Protecteur parvint au Pontificat. Vous pouvés comprendre quelle joye me cauſa ſon exaltation; elle augmenta beaucoup mes eſperances, & en effet je ne demeuray pas long-temps à être élevé à la dignité de Cardinal, comme creature du Pape; j'obtins ainſi le Chapeau que j'ay maintenant. S'il me reſtoit aſſés de forces, & de temps pour pouvoir vous découvrir toutes les particuticularités de mes crimes passés, vous seriés étonné de remarquer une Vie aussi impie dans des personnes qui se donnent le tître de Disciples de J. C. je vous diray en un mot que depuis mon élevation au Cardinalat je n'ay jamais observé de caresme, je n'ay jamais recité mon office, enfin je ne me suis jamais confessé à Dieu que dans ce dernier moment, qui est celuy de ma mort: C'est de cette maniere qu'en usent presque tous les Cardinaux, lesquels se trouvant dans un poste à pouvoir aspirer aux Clefs de St. Pierre, c'est à dire à la thiare, croyent peustêtre qu'il leur est aisé d'entrer dans le Ciel sans être obligés de faire de bonnes œuvres. Mais à present que je reconnois trop bien que je me suis entierement détourné du chemin du Ciel, je reconnois aussi moyennant les lumieres de cette Divine Grace, qui par un excés

excés de Misericorde veut bien encore me Sauver, que la Vie des Ecclesiastiques d'aujourd'huy n'est point une Vie de Chrestiens. Mais si les Payens mêmes, & les Athées aprés estre revenus de leurs erreurs peuvent se Sauver, feray-je assés malheureux pour desesperer de mon salut? C'est l'unique fondement de mes esperances, quoy que je sois persuadé qu'il est plus facile à un Payen, & à un incredule de se sauver, qu'à un Chrestien perverty; parce que mon ame éprouve assés dans ce moment qu'il luy est plus aisé de reconnoître cette verité, que de détacher mes desirs & ma volonté des delices de ce monde que je vais quitter avec le Chapeau de Cardinal. Mais, mon Pere, la parole me manque, donnés moy promptement l'absolution, je vous prie; je me sens mourir.

Saint

Saint Paul aprés avoir confessé le Cardinal mourant va à Nôtre Dame de Lorette, ou il est arresté quelques jours par les pluyes & le mauvais temps: là il s'insinuë dans les bonnes graces d'un Ministre de la Cour de Savoye qui retournoit de Rome avec la dispense obtenuë pour le mariage du Prince Maurice Cardinal avec la Princesse sa Niéce. St. Paul prie le Ministre de luy conter le détail de cette affaire, ce qu'il fait en ces termes.

Depuis quelques années la maison de Savoye suivant l'usage de plusieurs autres Princes à flatté l'ambition de la Cour de Rome par la recherche d'un Chapeau de Cardinal, que le Duc à obtenu pour le Prince Maurice un de ses Fils. Ce n'a point été par aucune vocation que ce Prince eust à la vie Eccle-

Ecclesiastique, mais seulement dans la veüe qu'on s'étoit proposée de ne le point marier, pour asseurer l'Estat à son Frere, & pour éviter par ce moyen les jalousies & les divisions qui n'arrivent que trop souvent entre des freres nés Princes Souverains. Le Prince à donc reglé d'abord sa conduite conformement à la vie qu'on luy avoit fait embrasser, & pour se défaire d'avantage de cette inclination guerriere si naturelle à sa maison, il à resolu de demeurer à Rome, regardant cette Ville comme le centre du repos & de la tranquillité necessaires à la vie Ecclesiastique. Le pauvre Prince à bien reconnu qu'il s'étoit trompé, quand il s'est vû contraint dans la suitte de souffrir les duretés, & les manieres grossieres & hautaines des Barberins; de sorte qu'il s'est repenty plusieurs-fois d'avoir ainsi compromis la grandeur de sa naissance avec

vec des perſonnes qui en avoient une ſi baſſe. Les deſagrémens qu'il reçevoit tous les jours étoient à la fin arrivés à un tel point, qu'un jour entre autres me faiſant librement part de ſes déplaiſirs il me dit ; je ne puis que blaſmer l'uſage de l'Egliſe Romaine qui pour l'ordinaire éleve au Pontificat des gens, lequels par l'obſcurité de leur naiſſance apprennent difficillement à vivre avec les Grands de la maniere qui ſe doit pratiquer. Ie reſpondis au Prince dans le moment ; Vôtre Alteſſe ne doit point blâmer l'Egliſe tant qu'elle ſuivra les Ordres de J. C. qui a conferé le Miniſtere de l'Apoſtolât a des perſonnes d'entre le menu peuple, mais vous devés pluſtôt blâmer ceux qui avec le Miniſtere de l'Apoſtolât ne reçoivent point cet eſprit de Dieu, qui enſeignoit autrefois même à de ſimples Pécheurs l'art de gagner la bienveillance des Princes, & l'affection des Provinces entieres. Voila ce que je dis au Prince : mais ses Chagrins demandoient quelque chose de plus pour s'adoucir. Il à pris enfin le party de retourner en Savoye, ce qu'ayant executé, il a trouvé sa maison si troublée par les divisions domestiques survenuës entre le Prince Thomas son Frere, & sa belle Sœur Mere & Tutrice du jeune Duc, qu'il a pû reconnoître que les Princes mêmes naissent souvent pour n'esprouver jamais de repos. Dans la necessité ou il s'est trouvé de ne pouvoir demeurer neutre, il s'est declaré pour son Frere, & à par ce moyen obtenu le Gouvernement important du Comté de Nice.

Plusieurs accidents dont le public est assés instruit sont survenus â cause des interests differents des deux Couronnes ennemies la Fran-

France, & l'Espagne ; lors que les étoilles venant tout d'un coup à changer la malignité de leur aspect, ont aussi changé la discorde en une bonne union, & la haine en amour. Cette passion à commencé deslors a s'allumer dans le Cœur du Prince Cardinal pour la jeune Princesse sa Niéce, & cet amour est devenu si violent, qu'il l'a disposé à renoncer au Chapeau pour pouvoir obtenir la Princesse en Mariage, & il n'a pû s'arrêter dans cette resolution ny à la proximité du sang, ny à la disproportion des deux âges, parce que comme le premier de ces deux obstacles est facile à surmonter à Rome pour de l'argent, de même l'autre ne doit paroître d'aucune consideration à ceux qui avec les yeux d'une saine & prudente Politique prevoient l'advantage que ce Mariage doit apporter à la Savoye qui n'est pas encore bien remiſe des troubles paſſés. Les choſes étant donc reduites en ces termes, j'ay été choiſi, comme ancien ſerviteur de la maiſon, pour être envoyé à Rome en qualité de porteur de la renonciation du Cardinal, & de Negotiateur pour la diſpenſe, laquelle j'ay obtenüe avec plus de facilité, & a moindres frais que je ne me l'étois imaginé. J'ay reſolu à mon retour de paſſer par ce ſaint lieu pour rendre graces au Ciel de l'heureux ſuccés de ma negotiation, & de la conſolation qu'il m'accorde par l'heureuſe reünion des Princes mes maîtres: mais il me ſemble, ô bon Religieux, que vous écoutés avec un chagrin auſtere le recit de cette hiſtoire, & qu'il vous paroît aſſés étrange qu'un Cardinal de la Sainte Egliſe Romaine ait renoncé au Chapeau pour ſe marier avec ſa propre Niéce: Pardonnés moy, mon Pere, ſi je vous dis que vous n'êtes pas en-

encore habile en affaires: Si vous connoissiés à fond celles de Rome, peust-être remercierés vous la toute Puissance Divine, & attribuerés vous à l'effet d'une vertu plus qu'humaine, de ce que le Chapeau de Cardinal n'a point fait naistre au Prince Maurice une inclination pire que celle dont je viens de vous parler.

Saint Paul ayant achevé son voyage à Nôtre Dame de Lorette prend le chemin de Rome. Il loge sur sa route dans une hostellerie, ou pendant la nuit il écoute deux personnes qui étoient dans une chambre voisine de la sienne, & dont l'un parloit à l'autre de cette maniere.

Vous étés trop affligé, mom Amy, de la censure de vos Livres qui vient d'être pnbliée á Rome. Si vous voulés suspendre pour un moment l'impetuosité de vôtre douleur, & prester une attention favorable a ce que j'ay dessein de vous dire, je vous feray peut-être connoistre que dans cette conjoncture vous ne pouviés recevoir un advantage plus considerable que celuy qui vient de vous arriver, & les productions de vôtre Esprit une gloire plus grande & plus complete.

Si l'on considere la nature, & la veritable signification du mot de deffendu, il n'est ny honteux ny infame comme beaucoup de gens s'imaginent, parce que si la chose estoit ainsi, l'arbre de Vie qui fut deffendu a nos premiers Peres, & le Paradis Terrestre dont l'entrée fut deffenduë a tout le genre Humain, participeroient de la honte & de l'infamie ; l'Escriture Sainte qu'on appelle la vulgate, & dont la lecture est deffenduë aux personnes foibles & simples, les Reliques,

liques Sacrées qu'on deffend aux mains prophanes de toucher, enfin toutes les choses qui nous sont deffenduës ou par la Nature ou par la Loy deviendroient honteuses & infames. C'est une erreur que de vivre avec cette opinion, puis que la prohibition par elle même ne peut apporter ny honneur ny deshonneur : quiconque voudra considerer les choses a fond & avec reflexion, verra bien que ce n'est pas la deffense simplement, mais la cause de la deffense qui rend tantost honorable, & tantost peu honorable le titre de deffendu. Il faut donc considerer avant toutes choses par quelle raison la Cour de Rome a deffendu vos Livres, & ensuitte juger si cette deffense doit vous apporter de la gloire ou du deshonneur, & par consequent du chagrin ou de la satisfaction.

La Cour de Rome a tousjours

eu differents motifs dans la censure des Livres. Les plus anciens étoient le Zele de la Religion, & le desir qu'elle avoit que les Chrestiens vescussent exempts de la corruption que peuvent causer les sentimens d'un Autheur dangereux, & mal intentionné. Les motifs les plus nouveaux de la Cour de Rome sont l'adversion qu'elle à pour les ouvrages qui reprennent librement ses vices, & la Tyrannie avec laquelle elle pretend que les opinions des autres ne soient jamais contraires à la volonté des Grands.

Je ne vois pas qu'aucune raison pressante de nôtre salut ait introduit cet usage dans la Chrestienté, puisque la Lecture des Livres deffendus n'estant autre chose qu'une tentation à nôtre ame, je n'ay jamais entendu dire que J. C. ait deffendu les tentations, mais bien le consentement que nous y pouvons

vons donner ; & si la chair & le Demon nous tentent tous les jours, c'est peu de chose que la tentation qu'un Livre peut nous causer. Neantmoins les usages introduits par le Zele surabondant de ceux qui gouvernoient anciennement, ont été reçûs comme des Loix inviolables ; c'est pourquoy autrefois que la censure étoit l'effet d'un veritable Zele, elle portoit prejudice en quelque maniere à la gloire de ceux qui écrivoient, parce qu'on jugeoit de leur méchanceté & de leur corruption suivant la censure qui passoit pour desinteressée. Mais les choses sont maintenant bien changées : Ce n'est plus un Zele Chrestien, mais la Politique du monde qui fait la censure des Livres, ce n'est plus la pensée que les Autheurs de ces Livres parlent contre l'Eglise, mais l'opinion qu'ils parlent contre les Ecclesiastiques, dequoy le public s'appercevant bien aussi, n'a plus en horreur les Autheurs deffendus, mais au contraire il les caresse & les admire comme des personnes d'une rare vertu, & qui par un merite singulier s'éloignent de la foule des laches & vils flateurs.

Quelle raison avés vous donc de vous affliger, puisque vous avés le bonheur de vivre dans un siecle qui à le discernement fin, & le bon goust, qui est ravy de voir reprendre librement les vices des meschants, s'il n'y à pas moyen de les corriger d'ailleurs? Entre les hommes on regarde ordinairement comme indigne & méprisable celuy qui avec une langue servile, & toûjours occupée à applaudir aux Grands ne sçait rien dire que ce qui peut leur plaire. Un Autheur qui ne sçait rien écrire que ce qui peut s'accommoder aux interests d'autruy ne doit-il pas être regardé de même? ces

deux

deux manieres de flatter me paroissent toutes semblables ; la premiere part de la langue, la seconde part de la main. Esloignons, esloignons cette bassesse, de l'esprit d'un homme sçavant & vertueux : La veritable gloire du sage consiste à dire librement ce qu'il pense, & non pas ce que les autres veulent.

Celuy qui dans l'art d'escrire à quitté le premier l'ancien usage du roseau, pour introduire celuy de la plume, a fait la chose mysterieusement selon mon sens ; car comme la liberté du vol est une proprieté naturelle a la plume, de même les pensées que nous mettons au jour par son moyen doivent voler avec une entiere liberté à la veüe de tout le monde. La plume d'un Autheur qui se renferme dans les bornes d'une vile & basse complaisance doit deschoir de ses prerogatives naturelles, &

un ſçavant paroîtra toûjours indigne de gloire, quand avec des ſentimens aſſervis à la volonté d'autruy il fera voir un genie eſclave.

Donc ſi le Pape ſous la figure de Paſteur, & de Pere Commun des Chreſtiens n'eſt en effet qu'un Loup raviſſant, la doctrine d'un homme ſçavant devra-t'elle, pour n'eſtre point cenſurée, luy fournir des raiſons qui puiſſent colorer ſes paſſions execrables de motifs Saints & Sacrés? Ah! que ces pretentions ſont contraires à la veneration & au reſpect que nous devons à l'Egliſe, & qu'elles ſervent bien-pluſtôt à flater les crimes & l'iniquité des Eccleſiaſtiques; ce n'eſt point la ordonner d'avoir de la veneration pour un Prêtre, c'eſt ordonner d'avoir de l'Idolatrie pour un Sacrilege.

Les Souverains Pontifes doivent être reverés comme les images de

Dieu qu'ils representent, & non pas comme ce qu'ils sont par eux mêmes. Les passions, & l'attachement au monde se trouvent dans les Papes de la même maniere que dans un Tableau se trouvent le bois, la toile & les couleurs, ausquels l'ouvrier & le peintre peuvent mettre la main pour corriger les defauts qui s'y rencontrent sans offenser neantmoins le Saint qui y est representé; de même la plume d'un homme sage peut reprendre librement les vices & les passions des Papes sans offenser J. C. qui est representé par eux.

Les habiles gens ont toûjours sçû distinguer l'Eglise d'avec les vices des Ecclesiastiques; mais peut-être cette distinction deplaist-elle, à present que les Ecclesiastiques & leurs vices ne sont devenus, pour ainsi dire, qu'une seule & même substance. Pauvre Eglise en quel état es tu reduite? Autrefois on tint pour

pour Prophete chés les hebreux celuy qui reprit David de ses fautes : Aujourd'huy chés les Chrestiens on tient pour damné celuy qui n'approuve pas les vices des Papes.

De grace, Rome, dis-moy un peu, si un homme qui écrit par avance des faussetés & des mensonges, peut-on le punir davantage qu'en luy laissant publier ses mensonges & ses faussetés ? & s'il écrit la verité, pourquoy empéchera-t'on les fideles d'estimer sa doctrine & de la suivre ? Nous lisons que J. C. à illuminé les aveugles, mais nous ne lisons point qu'il ait aveuglé personne pour le conduire au Ciel, ny que la voye du salut éternel nous ait été découverte par le moyen de l'aveuglement.

Mais voulés vous que je vous dise ma pensée ? Les Ecclesiastiques ont commencé à souhaitter l'aveuglement des fideles aussi-tost qu'ils ont commencé à rendre l'excés de leurs dereglemens trop public, & trop visible.

Il deplaist à tout le monde de se voir repris de ses fautes; mais pour cela l'homme sage & vertueux devra-t'il applaudir & flater la conduite des meschants? Ah! que la plume d'un honneste homme ne se soûmette point a cette Tyrannie, qu'il écrive ses sentimens avec liberté, qu'il blasme sans crainte les vices des autres, & si ses Livres viennent ensuitte à être deffendus, il à tousjours la gloire de n'avoir été condamné que par la passion de ceux dont il à justement repris les dereglemens & la conduite.

Saint Paul arrive à Rome: Il rencontre aux portes de cette Ville l'Ange Gardien du Pape qui luy paroist dans une grande tristesse: Il se fait connoître à luy, & luy demande par quelle raison il a abandonné le soin de la personne du Souverain Pontife, à quoy l'Ange respond ainsi.

Saint Paul, je demeure à la garde des portes de cette Ville, ne pouvant plus suffire à garder l'ame d'Urbain VIII. il est a present impossible même aux forces Angeliques de tenir la bride à cet esprit capricieux & dereglé, & aprés avoir inutilement tenté toutes sortes de moyens pour le reduire dans les termes de la raison, je ne veux pas exposer à un plus long mépris les inspirations que j'ay receües de Dieu à son égard. Je suis dans le dessein de revoler au Ciel, pour ren-

rendre un compte exact à Dieu des moindres démarches de cette ame, & pour supplier en même temps sa Divine bonté qu'il luy plaise me décharger du poids d'une garde si penible qui à troublé en quelque maniere tout le repos de mon Etat Angelique. Il est vray que c'est un sort bien glorieux d'être Crée Ange, mais si l'on sçavoit combien en est souvent penible le ministere qui nous engage à garder les ames auxquelles nous sommes destinés, sur tout quand nous en rencontrons d'aussi ennemies du bien & de la vertu qu'est celle d'Vrbain VIII. on estimeroit peût-être plus heureux le sort d'un homme, qui aprés avoir travaillé aux bonnes œuvres dans ce bas monde pendant toute sa vie, va ensuitte gouster le repos du Ciel sans aucun trouble. Je n'envie pas neantmoins un autre Estat que le mien, mais vous sçavés, St. Paul, quel chagrin on a de ne pouvoir ſervir ſon Maître de la maniere qu'on le ſoûhaitteroit bien: Vous qui avés eu autrefois le ſoin d'enſeigner les peuples, & d'inſtruire les nations infideles, vous ſçavés par experience quelle douleur vous reſſentiés de voir quelquefois negliger la Doctrine du Ciel que vous preſchiés. Concevés donc à preſent les cauſes de ma douleur, & dites moy avec cette liberté que Dieu vous accorde icy pour me reprendre ou me conſoler, ſi c'eſt à tort que je me plains.

C'eſt à preſent la vingtiéme année du Pontificat d'Vrbain VIII. d'ou il eſt aiſé de conjecturer ſelon le ſentiment de tout le monde, qu'il luy reſte encore peu d'années à vivre, s'il eſt vray ce qu'on dit communement, qu'aucun Pape ne verra jamais les jours de St. Pierre. Si je dois neantmoins découvrir icy ma penſée, je crois

que

que celuy qui a dit le premier ce mot à voulu prophetiser qu'aucun Pape ne verra plus l'Eglise de Dieu dans cet Estat de perfection Chrêtienne, auquel elle a été dans les jours de St. Pierre. Mais que la chose soit comme on le voudra, plus les années s'écoulent, & plus l'homme court avec precipitation au tombeau, qui est le centre auquel se termine la vie mortelle, quand * l'humanité est composée. Ordinairement les vieillards quand ils arrivent à un certain âge, rappellent en eux mêmes les esprits qu'ils ont dissipés pendant leur jeunesse en mille passions dereglées, & s'attachent dans le temps qu'ils ne sont plus propres au monde a rechercher du moins par la voye d'un veritable repentir quelque asyle auprés de la Grace Divine, laquelle reçoit en tout temps les malheureux qui se trouvent destitués de secours & de consolation;

*elle est délivrée du poids de cette terre dont, etc.

mais,

mais, St. Paul, ne serés vous point estonné de ce que je vais vous dire? Plus Vrbain VIII. devient vieux, & plus il lasche la bride à ses passions, plus il approche de la mort, & plus il s'éloigne des bonnes œuvres. Il aime avec excés les complaisances & les respects que ses neveux ont pour luy; & il ne fait rien aussi que ce qu'ils luy inspirent en faveur de leurs interests. Il ne fait jamais reflexion aux devoirs de la charge importante qu'il à a soustenir, & si quelquefois une bonne pensée, mais qui le quitte bien-tost, luy represente ce qu'il doit faire, il remarque fort bien luy-même qu'il neglige entierement la relation estroitte qu'il y a de sa personne au Pontificat, & aux devoirs qui y sont attachés, mais il croit que le Pontificat est plus-tost obligé de se soûmettre à la personne, que la personne au Pontificat. Il de-

deteste avec excés tout ce qui peut le faire penser à la mort, moyen neantmoins trés efficace, & dont les Anges Gardiens ont accoustumé de se servir pour dompter les ames les plus superbes, ou s'il est quelque fois contraint d'y penser, cette reflexion qui seroit une Medecine salutaire dans un autre devient un poison en luy, par ce que dans le moment qu'il envisage sa mort, il applique aussi toutes ces pensées à chercher les moyens de laisser une riche & puissante maison aprés luy. Si vous sçaviés combien de fois je l'ay vû assés desœuvré pour se mettre mille Chimeres dans la teste, & resver comment il s'y prendroit pour rendre le Pontificat électif, non pas par les suffrages du consistoire, mais par la volonté du Pape regnant, afin de le rendre hereditaire dans sa maison, vous seriés surpris de toutes les imaginanations ridicules dont l'esprit de ceux qu'on appelle vicaires de J. C. est ordinairement occupé. Plust a Dieu que ces souhaits chimeriques pussent s'en tenir a de simples & inutiles projets? mais pour le malheur des peuples ils s'arrestent souvent a des resolutions plus aisées à pratiquer, qui sont de piller le patrimoine de St. Pierre, & d'enrichir leurs parents des dépoüilles de l'Eglise. Mais l'avidité d'Urbain VIII n'en demeure pas la, il conte pour rien les millions d'or qu'il a volés à l'Eglise, tant qu'il ne pourra pas laisser a ses neveux une Principauté independante, ou ils puissent mettre a couvert les trophées mal asseurées de leurs rapines, & de leurs concussions. Il y a tousjours eu dans le monde un plus grand nombre de ceux qui souhaitent être Princes, qu'il n'y a de Principautés en effet, de sorte que pour les tirer

des

des mains de ceux qui les possedent il faut necessairement se servir de la force, parce qu'il se trouve difficilement des raisons assés puissantes pour persuader l'esprit humain de quitter la possession d'un domaine libre & independant: voila donc Urbain VIII. reduit par ses passions a la necessité de recourir aux moyens les plus violents pour acquerir à ces neveux les estats d'autruy. Je ne sçaurois ici vous bien representer les desseins furieux de son esprit troublé, il les tourne souvent sur le Royaume de Naples, mais il reconnoist en mesme-temps qu'il souhaite plus ardemment le succés de cete entreprise, qu'il n'a lieu de l'esperer en effet. Il pense aussi au Duché de Milan par la facilité qu'il a de prester l'oreille aux promesses flateuses de quelque Ministre d'une Couronne de dela les Monts, mais il ne se persuade de pas aussi qu'elle veüille s'interesser avec luy dans cette Conqueste jusqu'a en donner la possession aux seuls Barberins. Il regarde fixement Lucques, mais dans le moment il voit que c'est un Estat trop petit, & dont la Conqueste peut-même luy couster plus qu'il ne vaut. Il fait Courir son imagination jusqu'a la Mirandole, mais comme elle est un fief Imperial, & d'ailleurs une place qui met en jalousie tous les Princes Voisins, il craint de s'attirer a dos toute l' Allemagne & la Lombardie voisine de l'Estat Ecclesiastique. Enfin il arreste tous ses projets sur Parme, & parceque l'entreprise luy paroist moins difficile, il se determine a depoüiller le Duc de tous ses estats, aprés avoir desja commencé par le Duché de Castro. Vous pouvés juger si je me suis donné du mouvement

Pour

pour luy oter ce dessein de l'esprit. J'ay taché de lui faire entendre combien il estoit messeant à un Pape, & aux prelats de la sainte Eglise, dont l'esprit doit estre entierement éloigné des pensées de la guerre de changer leurs crosses en espées, & leurs Rochets en Cuirasses. Je luy ay fait voir le scandale qu'il alloit causer a toute la Chrestienté, la joye qu'en auroient les infideles, & le danger dans lequel se trouveroit l'Eglise, & que J. C. luy mesme a prevû, quand il a dit que tout Royaume dans lequel il y a de la division est prés de sa ruine. Mais toutes ces raisons ne peuvent rien sur Urbain VIII, qui a toute autre chose en veue que le repos, & la sureté de l'Eglise. Comme j'ay veu que tout ce que je pouvois luy dire de meilleur estoit inutile, j'ay employé des raisons tirées de la

Nature mesme, & je luy ay representé combien les évenements de la guerre estoient incertains & dangereux, pour exciter en luy cette crainte laquelle dans le cœur des vieillards est comme une bride qui retient le penchant qu'ils pourroient avoir à la guerre. Mais la nature a peu de pouvoir sur l'esprit obstiné d'Urbain VIII, la raison encore moins, & l'inspiration des anges en aucune façon. Ceux qui viennent maintenant à Rome voyent un Pape devenu guerrier dans un âge decrepit lequel prend les armes, lors qu'il devroit penser serieusement à quitter la vie; mais ce qui est de pire, un Pape dont l'entendement est entierement sousmis à sa volonté quand elle s'est une fois determinée à faire quelque actions conforme à ses mouvemens dereglés, qu'il veut neantmoins faire passer sous le nom de de raisonnable. Ainsi Urbain VIII. ne fait jamais ce qui est bon en luy mesme, mais il croit bon tout ce qu'il fait; joint à cela que dans le temps qu'il trouble & renverse toute l'Italie, & qu'il estend ses usurpations par tout, il fait publier que ses intentions sont droites, les fins qu'il s'est proposées toutes saintes, que tout ce qu'il fait est pour le service de Dieu, & en veüe du plus grand bien, comme si la Nature de ce qu'on appelle bien ou perfection, estoit differente dans son idée de celle que nous concevons ordinairement par une opinion naturelle & infaillible. Mais je passe sur mille autres extravageances avec lesquelles cette ame capricieuse à reduite ma patience aux dernieres espreuves. Je l'ay veu une fois s'opiniastrer a ne vouloir donner aucune satisfaction aux Princes Chrétiens, quoy que je fisse tous mes efforts pour luy remonſtrer qu'ils eſtoient la baſe & le fondement ſur leſquels eſt appuyée la Conſervation de la foy Chreſtienne. Je l'ay veu une autrefois prendre la reſolution de ne plus créer de Cardinaux, peut eſtre pour ſe faire un merite envers l'Egliſe de Dieu, en aboliſſant une race ſi mauvaiſe & ſi pervertie; mais il s'eſt bientoſt repenty de cette reſolution, & ſans aucune autre raiſon que parce que je ne me ſuis point oppoſé pour lors a ſon deſſein. Dites moy, je vons prie ſaint Apoſtre, ſi un ange gardien peut eſſuyer de plus grands mépris, auſſi me paroiſt il que ma reputation eſt trop engagée de cette maniere dans le miniſtere que j'exerce auprés de cette ame, & c'eſt par cette raiſon que ne pouvant plus eſperer de la corriger, je l'ay abandonnée a elle meſme, pour ne plus differer mon retour au ciel.

Saint

Saint Paul aprés avoir écouté les plaintes de l'Ange Gardien d'Urbain VIII. entre dans Rome, où il s'occupe à achever son information; mais il luy arrive un accident qui l'oblige à prendre la fuite, il trouve en chemin un autre Ange qui venoit à sa rencontre, & qui s'estant approché de luy le salüe; St. Paul luy parle ainsi.

Vous venés peut-estre, envoyé du Ciel, pour m'ordonner de la part de la Majesté divine de m'éloigner de Rome: vous m'en voyés déja sorty avant vostre arrivée, parce que l'inspiration divine passe en vistesse le vol des anges mesmes. J'ay pris le party de la retraitte par cet esprit de sousmission qu'ont ceux qui sçavent connoistre la volonté du Dieu tout puissant. Mais puisque vous m'avés trouvé hors de Rome, & qu'ainsi il vous est inutile de poursuivre vôtre chemin, reposons nous icy, & je vous feray part des raisons toutes extraordinaires de mon depart precipité. Vous sçavés déja, Ange du ciel, que Dieu m'a ordonné de descendre dans ce bas monde pour écouter attentivement les plaintes des mortels, & dresser une information diligente & exacte des crimes de l'épouse adultere. Je me suis transporté pour cet effet en divers lieux, où j'ay esté pleinement instruit de ses desordres, & pour voir de mes propres yeux ce que j'avois appris d'ailleurs, je suis enfin venu à Rome mesme, mais avant que d'y arriver, j'ay pris un habit de Moyne, qui m'a valu en chemin, l'adventure d'entendre en confession un Cardinal qui se trouvoit a l'article de la mort. Cette conjoncture m'a fait remarquer qu'un tel habit me faisant passer pour un Re-

Religieux, on ne manqueroit pas de me demander selon l'usage ordinaire la patente de ma religion, c'est à dire de mon ordre, ou la permission de mes superieurs; afin de n'estre point obligé à dire un mensonge, j'ay pris l'expedient de quitter l'habit sacré, & de mettre au costé cette espée que les hommes dans leurs Tableaux me mettent en main; & je l'ay fait avec d'autant plus de raison que dans le besoin où Rome étoit de soldats pour l'entreprise contre le Duc de Parme, je croyois ne pouvoir donner à mon Voyage un meilleur pretexte que celuy de chercher quelque fortune militaire. Je suis donc entré à Rome ainsi travesty, & d'abord j'ay songé à me loger dans un convent de Moynes, gens qui dans le siecle où nous sommes ont coustume de se mesler des affaires du Monde plus que les seculiers mêmes. J'étois asseuré d'apprendre dans ce lieu-là jusqu'au moindre détail de toutes choses, sur tout parce que l'extreme rigueur dont on use à Rome pour punir ceux qui osent parler contre la Cour, me faisoit croire que la liberté de dire ce que l'on veut ne pouvoit s'être retirée pour plus grande seureté que dans les Cloistres. Le Convent ou j'ay été reçû a loger est considerable par l'étude des belles Lettres, & par le commerce qu'il a avec plusieurs sçavants; mais il est encore plus remply d'étrangers de toutes sortes de Nations, qui se rencontrent ordinairement à Rome. Dans le desir ou j'estois d'apprendre quelle opinion les étrangers avoient de l'Eglise Romaine, je raisonnois souvent avec eux sur les points de la Religion. Il y avoit entre autres un Turc qui écoutoit nos disputes, mais je le croyois plus propre à en entendre

dre le bruit, qu'à y comprendre rien d'ailleurs. Je ne laissay pas neantmoins un jour de luy demander ce qu'il pensoit de la Religion Chrestienne, surquoy contre mon attente il me répondit ainsi; Entre les Turcs, me dit-il, on tient pour certain que Dieu protege, & favorise les peuples qui l'adorent avec le culte d'une Religion qui luy est agreable; c'est pourquoy par la prosperité de l'Empire Turc nous concluons que nôtre Religion est bonne, & son observation fort agreable à Dieu. Quant a la Religion des Chrestiens, nous croyons qu'elle n'est devenüe mauvaise que depuis les transgressions, & les changemens que les Chrestiens mêmes y ont apportés: nous la regardons à present comme abominable, & haie de Dieu, & & nous voyons que depuis un certain temps par les dissensions interieures & continuelles qui l'agitent,

tent, elle est preste de s'anneantir entierement. Telle fut la réponse du Turc, qui ne me causa pas, je vous l'advouë, une mediocre surprise, sur tout quand je fis reflexion que des peuples qui ne font pas profession de science ny d'un grand raisonnement, sçavoient neantmoins tirer des principes les plus éloignés des consequences si justes, & si propres à être appliquées à l'état present de l'Eglise. Aprés avoir appris les sentimens du Turc, dont je viens de vous parler, j'ay eu la curiosité d'interroger aussi un Grec qui demeuroit à Rome, & qui étudioit dans le College Clementin; il a répondu ainsi à mes demandes. l'Eglise Romaine, & l'Eglise Grecque sont deux Sœurs nées d'un même Pere: La Grecque est l'aisnée, & je ne sçais par quelle raison la Romaine s'est si fort appliquée à luy enlever le droit d'aisnesse. Les differends qu'elles ont eu emsemble sur ce sujet les ont jettées dans une grande froideur l'une pour l'autre, Cependant la Romaine jouit de tous les biens du Pere, & la Grecque sembla-ble à Esaü vit sous la domination de sa Sœur Cadette. Pour ce qui regarde les mœurs particulieres de l'Eglise Romaine, je n'ose en rien dire, parce que je me trouve à Rome : Celuy qui a la hardiesse de les blâmer publiquement, n'en-visage pas le peril auquel il s'ex-pose, & celuy qui les approuve fait bien voir qu'il n'entend rien à la Loy & aux preceptes de J. C. ; le Grecl par ces paroles m'a beau-coup satisfait sur mes demandes. J'ai eu aussi la commodité de m'entre-tenir sur cette matiere avec un Fran-çois, qui m'a découvert sa pen-sée en ces termes. Le nom de l'Eglise Romaine est reveré de la plus grande partie du Royaume de France ; mais la prudence de nos Roys les à tousjours portés à ne point souffrir que les Papes esten-

 dissent

disſent au dela des Alpes cette authorité exceſſive & abſoluë qu'ils exercent en Italie, & nous ſommes gouvernés ſelon les Loix, & les Libertés particulieres du Royaume, & de l'Egliſe Gallicane. La raiſon de cela eſt, que comme les François ſont naturellement inquiets, & ont de la peine a ſouffrir, ſi dans l'état preſent des choſes presque la moitié du Royaume s'eſt laiſſée infecter d'hereſie, affin de ſecouer le joug de l'Egliſe Romaine, il arriveroit infailliblement que lorsque le Pape voudroit exercer ſur les conſciences de ce peuple impatient la même Tyrannie qu'il exerce ſur l'Italie, tout le Royaume deviendroit heretique a la fois. Voila quelles furent les paroles du François, qui me donnerent la curioſité d'entendre ce que les Eſpagnols me pourroient dire par des raiſons oppoſées; & il ne me fût pas difficile d'obtenir ce que je souhaittois, car ayant fait connoissance avec un homme de qualité de Seville, qui venoit souvent dans le Convent ou j'étois, je m'insinuay entierement dans son esprit: Il a contenté ma curiosité par les paroles suivantes que je vais vous repeter aprés luy. Amy, pour vous faire plaisir, je vous parleray, contre l'ordinaire de ma Nation, avec toute la sincerité de mon cœur. Le respect que les Espagnols font paroistre pour l'Eglise Romaine peut-être consideré en deux manieres, l'interieure & l'exterieure. Si vous me demandés quelle est la maniere interieure, je vous diray qu'il faut la supposer toute semblable à celle des autres Nations, qui ont une connoissance entiere de l'esprit de la Cour Romaine, & les Espagnols étant sur tout pourveus d'un genie fort propre a estimer les choses selon leur juste valeur. Mais si vous me demandés

ce

ce que c'est que le respect exterieur des Espagnols pour l'Eglise Romaine, sçachés qu'ils montrent en apparence beaucoup de respect pour elle, parce que comme ils l'ont toûjours reconnüe fort attachée aux interests de leur Couronne, ils le croyent obligés de répondre à son Zele, du moins par une apparence speciеuse. Nôtre Roy connoist fort bien l'advantage qu'il a tiré de l'inquisition, pour abbaisser la grandeur de ses sujets qui pouvoient luy donner de l'ombrage. Il se ressouvient toûjours de la bonne volonté que luy a témoignée la Cour de Rome, en refusant autant qu'elle a pû d'absoudre la Maison de Bourbon, afin de marquer de cette maniere sa complaisance pour la maison d'Austriche. Enfin il sçait combien jusqu'a present les ruses, & les intrigues des Jesuittes luy ont servy à estendre advantageusement de

tous

tous côtés la domination d'Espagne. Par toutes ces raisons les Espagnols se croyent obligés de reverer en apparence l'Eglise Romaine, fust-elle encore pire qu'elle n'est. Voila ce que m'a dit l'Espagnol. Cependant pour rendre mon information plus exacte, je me suis aussi addressé à un Anglois, lequel a répondu a ma demande avec beaucoup de moderation en cette maniere. Comme je suis ennemy declaré de l'Eglise Romaine, on n'adjouste pas foy a mes paroles : Mais si vous souhaittés sçavoir quelle pensée on a de cette Eglise dans les Pays du Nord, lisés les Docteurs de nos sectes, je suis persuadé qu'ils satisferont pleinement vôtre curiosité. C'est de cette maniere, Ange du Ciel, que je travaillois à Rome pour achever l'instruction du procés dont je suis chargé contre l'epouse adultere, lors qu'il m'arriva un accident as-

sés

ſés extraordinaire. Je paſſois un matin par une Egliſe où on exorciſoit un poſſedé. Je m'approchay pouſſé par la curioſité que me donna le bruit que j'entendois. Auſſi-toſt que le Demon m'apperçut, il commença à crier hautement, voila St. Paul, voila St. Paul, qui eſt deſcendu du Ciel en terre bien à propos pour voir l'état preſent de l'Egliſe qui luy a couſté tant de travaux; pauvre Saint, & quel motif vous amene aujourd'huy dans ce bas monde? eſt-ce le deſir de recueillir le fruit de vos fatigues paſſées? ah! que vous vous trompés ſi vous en attendés du ſuccés! les grains que vôtre éloquence a ſemés dans la vigne de Dieu ſont devenus la proye de ces oyſeaux raviſſants que vous voyes autour de moy me conjurer avec leur chant enroué & importun. A ces cris les Preſtres tournerent les yeux ſur moy, ce qui me faiſant croire

croire que j'estois découvert, je me retiray tout doucement : mais les paroles du diable firent une telle impression sur l'éprit de l'Exorciste, qu'il resolut de contraindre le Malin Esprit a force de conjurations de découvrir qui j'estois. de sorte que ne pouvant plus resister a leur violence, il declara que j'estois effectivement S. Paul, qui sous la figure humaine demeurois sur la terre, & qu'il ne sçavoit pas pourquoy. l'Exorciste ne fût pas plustost instruit de cette verité, qu'il en donna advis au Pape dans le moment. Le Pape mit aussi tost plusieurs espions en campagne, qui descouvrirent ou je logeois, de sorte que peu aprés je vis entrer chés moy un courtisan qui m'aborda avec ces paroles. Je viens de la part d'Urbain VIII vous saluer avec respect, grand Saint : il est instruit de ce que vous etes veritablement, & il

so-

souhaiteroit qu'il vous plûs honorer sa Maison de vostre presence, il met toute son ambition à recevoir chés luy un étranger de vôtre condition. Le Courtisan me parla de cette manieres en termes que je trouvay fort justes, & qui convenoient parfaitement bien à l'Eglise Romaine telle qu'elle est aujourd'huy; Je n'en fus pas surpris aussi, parce que dans le siecle où nous sommes les saints doivent se regarder comme estrangers dans l'Estat Ecclesiastique. Vous pouvés vous imaginer si je fus étonné de me voir ainsi découvert. Je remerciay neantmoins, autant que je pûs, sa sainteté de la grace qu'elle me faisoit, & je m'excusay de ne pouvoir accepter l'honneur de demeurer chés elle sur la necessité où j'estois de partir de Rome incessamment. M'étant démêlé du Courtisan avec cette responle, je me me consultay sur ce que j'avois afaire, & aussitost sentant bien que le cœur me presageoit quelque chose de sinistre, je resolus de prẽdre la fuite mais je n'estois pas encore party, lorsque je vis arriver de nouveau le mesme Courtisan qui me parla de cette maniere. Saint Paul, Urbain VIII. me renvoye auprés de vous pour vous reiterer les mesmes prieres que je vous ay déja portées de sa part: mais si vous persistés dans la resolution de ne vouloir pas luy faire l'honneur de demeurer dans sa maison, j'ay ordre de luy de vous supplier d'une autre grace. M'étant offert de servir sa sainteté en tout ce qui dependroit de moy, le courtisan poursuivit ainsi. Il y a dans vos Epistres, grand Apostre, certaines periodes qui sont manifestement opposées aux desirs d'Vrbain VIII: je vous supplie de les vouloir corriger en sa consideraration, parce qu'autrement il paroiſtroit un peu extraordinaire que St. Paul voulût contredire les volontés d'un ſucceſſeſſenr de St. Pierre. Si vous ſouhaités ſçavoir quelles ſont les periodes dont il s'agit, il y en a une entre autres qui dit, *omnis anima poteſtatibus ſublimioribus ſubdita ſit.* Urbain VIII voudroit que les ames des Papes fuſſent exceptées d'une propoſition ſi generale, & il ne croit pas que les ſouverains Pontifes puiſſent raiſonnablement eſtre ſoûmis à une autre Loy que celle de leurs volontés, parce que de cette maniere leurs actions ne ſeront plus expoſées, comme elles le ſont, à la Cenſure des perſonnes de bon ſens. Sa ſainteté ſouhaitte encore que vous ayés la bonté de rayer ces paroles qui marquent expreſſement quel eſt le devoir d'un Eveſque : *Diaconos habeat non turpe lucrum facientes.*

Cette

Cette Periode déplaist extremement a Urbain VIII, parce qu'il croit ne pouvoir faire moins que de tenir auprés de luy ses neveux Cardinaux. Le Courtisan se tut aprés ses paroles, & pour moy je me disois à moi-même, pauvre Paul, te voila en danger d'Apostasier, même aprés avoir été confirmé dans la grace: mais pouvois tu attendre autre chose a Rome? enfin m'appercevant que le Courtisan attendoit ma réponse, je raisonnay avec luy de cette maniere. L'affaire que vous me proposés n'est pas d'une petite consequence & vous sçavez que quiconque à soin de sa reputation, n'est pas porté aisement à se dédire: vous sçavés que ma doctrine, s'est répandüe jusqu'à present par tout le monde sans souffrir aucune alteration; que diroient donc les nations, si elles la voyoient toute differente de ce quelle à été, & qui est-ce qui ne se persuaderoit pas que cet-

cette alterion seroit provenüe plustost de quelque heretique, que de St, Paul même, mais d'ailleurs ou est la néceſſité de changer la Doctrine des Apostres; si les Papes sans y avoir égard font tout à leur maniere & selon leur volonté? Mais puis que sa sainteté souhaite ce changement, que je crois neantmoins inutile, je ne manqueray pas de le servir autant qu'il me sera possible, & de la maniere que Dieu m'inspirera. Le Courtisan se retira avec cette réponse, qu'il prit pour une promesse reelle, cependant comme je m'étois réservé le pouvoir d'executer seulement ce qu'il plairoit à Dieu de m'inspirer, je pris la fuitte aussi-tost, & je sortis de Rome par l'inspiration que je reçûs de Dieu. J'étois à peine hors de la Ville, que je m'apperçus que j'avois oublié mon espée par la precipitation où j'aavois été de partir ; & pendant que je restois dans le doute si je retournerois pour l'aller reprendre, je vis un homme qui venoit derriere moy à grands pas, & que je reconnûs pour un de ces étrangers avec lesquels j'avois demeuré dans le Convent dont je vous ay parlé. Cet homme m'avoit toûjours marqué beaucoup de confiance, & d'affection ; aussi dés qu'il m'eut joint, il me dit ; fuyés, cher amy ; fuyés promptement ; j'ay couru aprés vous pour vous donner advis qu'un moment aprés vôtre depart, le Courtisan que vous sçavés est venu vous chercher, & ayant esté informé de vôtre fuitte, il est allé en diligence l'apprendre au Pape, qui un peu aprés est venu secretement dans vôtre chambre, où il n'a trouvé personne, mais vôtre espée s'estant presentée à ses yeux, il l'a mise à la main, & s'est escrié avec

vec colere ; puisque la plume de Paul refuse de me servir, son espée du moins me servira ; cette espée, mortels, vous engagera à croire ce que la Doctrine des Saints refuse de prescher en ma faveur ; cette espée, Princes, vous forcera de vous prosterner à mes pieds, quelques puissants que vous soyés ; c'est elle qui me conservera Castro, qui m'assujettira Parme, & qui fera bien voir que les pretextes de la raison sont inutiles quand le trenchant de l'espée peut faire triompher. Voila le rapport que me fit ce fidelle amy, sans avoir neantmoins pû penetrer luy même de quel Paul, ny de quelle espée le Pape avoit parlé. Aprés l'avoir remercié, je le congediay, & depuis j'ay continué ma fuitte avec beaucoup d'inquietude, faisant reflexion que mon espée est demeurée entre les mains d'un homme qui la fera servir à ses passions Ty-

Tyranniques, avec le ſcandale de toute la Chreſtienté : Je ne ſçais pas bien même quel party je dois prendre dans cette conjoncture. S'il étoit capable d'entendre la voix de Dieu, je vous exhorterois, Ange du Ciel, de l'aller trouver pour luy inſpirer l'eſprit de paix; mais je ne ſonge pas qu'Vrbain VIII. a l'ame trop obſtinée, & je crois qu'il ſera plus advantageux que vous penſiés à employer vos inſpirations auprés des Princes d'Italie pour les engager à oſter des mains d'Urbain VIII. cette eſpée qu'il m'a enlevée ſans raiſon, & qu'il eſt preſt de tirer contre le repos & la tranquillité des autres Eſtats ſans apparence de Juſtice. J'ay écrit pour cet effet une Lettre que j'addreſſe à ces Princes, & a la tête de laquelle je n'ay point fait de difficulté de mettre mon nom, parce que tout le monde ſçait que je ſuis à present sur la terre : Voicy le contenu de ma Lettre.

Saint Paul aux Princes Chrestiens.

Salut.

Urbain VIII. transporté d'une injuste colere s'est emparé de mon espée, & il a dessein de s'en servir pour troubler le repos de vos Estats, si vous ne prenés la resolution de la luy ôter des mains. C'est a quoy je vous exhorte, Princes, de la part de Dieu. Il n'est pas necessaire que cette espée qui est destinée seulement à respandre le sang des infideles soit teinte du sang des Chrêtiens. N'ayés point le vain scrupule de n'oser attaquer le Pape parce qu'il est vôtre Pasteur : les veritables Pasteurs conduisent leurs trouppeaux avec la houlette, & non pas avec l'espée : Souvenés vous qu'Isaac se soûmettoit à estre égorgé par les mains de son Pere pour être sacrifié à Dieu seul, & non pas aux passions d'Abraham, s'il eut été capable d'en avoir. St. Pierre a laissé sur la terre un coûteau de Pescheur pour s'en servir seulement contre les Poissons qui ne sont pas des animaux de nôtre élement, & pour aprendre mysterieusement à l'Eglise, que si elle est quelquefois obligée de prendre les armes, elle doit les employer seulement contre les Infideles, qui ne vivants point dans son gyron, doivent être appellez les animaux d'un autre élement. Princes, animez vous par le conseil que je vous donne, & ne croyez pas cette entreprise difficile. Quoique Urbain VIII. paroisse furieux, & redoutable, il est aisé de luy ôter cette espée, il n'est pas accoûtumé d'en manier. Je prie Dieu qu'il inspire vos Cœurs, & qu'il vous accorde toute sorte de prosperitez dans vos entreprises.

Tel eſt le contenu de cette lettre, que je vous ſupplie, Ange du Ciel, de vouloir porter aux Princes Chrêtiens ; & d'inſpirer leurs cœurs. Cependant avant que de retourner au Ciel, je veux aller a Jeruſalem pour rendre encore mes hommages a ce ſaint lieu, ou les pierres & les marbres mêmes plus reconnoiſſants que les hommes, conſervent toûjours vivement la memoire des miſericordes de Dieu.

L'Ange promet à St. Paul d'executer ſes ordres ; mais il luy raconte auparavant ce qu'il a entendu dans un Parloir de Religieuſes, ou il avoit été par curioſité.

J'executeray, grand Saint, les ordres que vous m'avés donnés, & je porteray inceſſamment aux Princes Chreſtiens la lettre dont vous m'avés chargé pour eux. Je leur

leur inſpireray le deſſein de retirer vôtre eſpée des mains d'Urbain VIII. Mais auparavant ayés la bonté d'écouter ce que j'ay appris dans un Parloir de Religieuſes, ou je me ſuis trouvé. Je crois que le recit que je vous en feray ſera peût être digne de faire partie de vôtre information : vous y pourrés joindre les plaintes des plus malheureuſes Creatures qui vivent ſous la Loy des Chreſtiens.

Vous ſcavés que je ſuis du nombre des Anges qui n'étoient jamais encore deſcendus en terre. Comme l'eſprit d'un Voyageur le porte toûjours a ſatisfaire ſa curioſité dans les pays qu'il n'a point encore veus, & ou il ſe trouve tout nouveau, je vous advoüe que la choſe du monde que je ſouhaittois le plus devoir, étoit un Monaſtere de Religieuſes. Ma curioſité étoit excitée par la renommée qui avoit pu-

publié dans le Ciel qu'elles étoient autant d'Anges revestues de l'humanité. Estant donc arrivé dans une des principales Villes d'Italie aprés mon départ du Ciel, je pris la ressemblance d'un étranger je me glissay dans un Parloir de Convent à une heure ou il estoit peu frequenté. Je trouvay à la grille une jeune Religieuse, qui me parût n'y estre demeurée que pour attendre quelqu'un, a peine m'eut-elle apperçû, qu'elle me demanda le nom de ma patrie, & quelle raison m'engageoit à voyager. Faisant alors reflexion que je venois du Ciel, je luy dis; ma patrie, Madame, est trop esloignée d'ici, & peu de personnes de ce pays peuvent y aller. La raison qui m'engage à voyager, n'est que la seule curiosité qui pour l'ordinaire excite la jeunesse inconstante & legere a abandonner ses propres commodités pour gouster le plaisir de voir celles

* jeune, etc. * sous laquelle, etc.

celles des autres; jeunesse insensée qui n'apprend à connoistre les biens de sa patrie que par ceux des pays estrangers! ensuitte je poursuivis ainsi, heureuses celles qui ne s'éloignant jamais de ces murs sacrés paroissent autant d'Anges toûjours presents aux yeux de Dieu! Elle qui estoit aussi spirituelle que belle s'opposant a ce que je venois de dire, me respondit: helas! que plusieurs d'entre nous changeroient volontiers ce Paradis dont vous nous flatés, avec la liberté que vous avés de voyager! pourquoy vous plaignés vous si injustement de vôtre voyage? Il n'est autre chose qu'un mouvement dans la vie Civile, & il convient autant à un esprit noble & esleve, qu'il est propre aux substances les plus sublimes. Considerés le Soleil & les Planetes; ils ne s'arrestent jamais, & il semble au contraire qu'ils ayent de la joye d'estre tousjours en mouvement.

ment. Je fus surpris de la vivacité admirable de cet esprit, & je luy respondis aussi-tost : Il est vray, Madame, que le Soleil & les Planetes sont comme des voyageurs; mais on voit aussi au Ciel des étoilles fixes qui sont plus nobles & plus élevées que les autres, & voisines même du Throne du Dieu tout puissant : Les Religieuses donc qui pour servir Dieu avec plus d'application demeurent toûjours attachées à un même lieu comme des estoilles fixes, peuvent se consoler plus aisement que les autres mortels, par l'asseurance qu'elles ont d'estre dans le voisinage de Dieu. Cette charmante personne souspira à mes dernieres paroles, & me dit je ne nie pas que Dieu ne soit auprés des estoilles fixes, mais non pas auprés des ames abandonnées au desespoir. Vous faites bien voir que vous estes étranger, puisque vous ne connoissés pas encore la situation douloureuse de ne nôtre funeste état. La rigueur de nôtre sort, & la cruauté de nos parents nous ont enfermées icy pour jamais. Les pretextes, dont se sert ordinairement l'Eglise Romaine, ont aussi concouru à nous rendre malheureuses: excusés moy, si je parle de cette maniere: C'est en effet un sort bien malheureux que de naître pour vivre dans une prison perpetuelle, pendant que la nature accorde à tous les autres mortels l'espace d'un monde entier pour gouster les delices & les plaisirs: Quelle rigueur d'être contraintes à souffrir une captivité que les enfants mêmes paroissent fuyr dés les moment de leur naissance, s'il se peut dire, avant qu'ils ayent aucun sentiment de vie! Cependant nous l'esprouvons lors-que la nature nous à donnée avec la vie & le sentiment une connoissance entiere de nos propres mi-

 seres

ſeres : Ah ! c'eſt une douleur trop grande a des perſonnes qui ſe voyent nées pour vivre tousjours malheureuſes ! ce Cloître qui fait violence à nôtre liberté n'eſt point un Paradis, comme vous vous l'imaginés, puisqu'il n'y a point de mécontents dans le Ciel ; dites pluſtôt que c'eſt un enfer, ou les inclinations que la nature nous à données en naiſſant, ſont continuellement tourmentées par l'ardeur d'un feu qui ne ſe peut éteindre. Il ne me ſera pas difficile de vous faire entendre les raiſons qui engagent nos parents à exercer ces barbaries ſur nous, & tout le monde ſçait trop bien que pour épargner la dot qu'on exige de nôtre ſexe, afin de pouvoir être mariées, il nous banniſſent dans des Cloîtres, & nous condamnent ainſi à paſſer toute nôtre vie dans la privation des plaiſirs du monde, ſans avoir commis d'autre cri-

me

me que celuy d'être nées filles : mais sçachés qu'en nous enfermant icy malgré nous, ils ne nous délivrent pas des mouvements de la chair & du sang, qu'un habit Religieux peut bien couvrir, mais non pas les éteindre, aussi cet habit que vous nous voyés n'excite pas en nous une vertu capable de nous consacrer entierement à Dieu, & nous ne pouvons y forcer nôtre volonté, qui est neantmoins le Sacrifice que ce Divin Seigneur prefere à tous. C'est ainsi que l'on nous expose a être precipitées dans l'abysme éternel, en nous faisant prendre une route si contraire à nôtre inclination, & en nous ostant le choix qu'ont du moins les autres ames d'aller aux enfers par le chemin qui leur paroist le plus agreable. On avoit coustume autrefois d'esgorger les victimes avant que de les sacrifier à Dieu ; parce que comme les affections du corps resident particulierement dans le sang. On ne croyoit pas qu'il fût convenable d'offrir à la Majesté Divine aucun holocauste qui n'eut esté auparavant purgé par le sang, de toute passion terrestre; mais c'est ce que nos parents ne considerent point à nôtre égard : nous sommes sacrifiées à Dieu avec toutes nos passions ; comment donc le persuader qu'il agrée ce Sacrifice? Et s'il ne l'agrée pas, quel desespoir doivent ressentir des ames qui se regardent comme entierement chassées du monde, & en même temps desagreables à Dieu, qu'on oblige enfin d'aller aux enfers avec presque toute leur innocence, & sans avoir pû contenter leurs passions? Si J.C. est mort pour nous reduire à un état si deplorable, ah! qu'il seroit bien plus advantageux pour nous qu'il ne fût pas mort! helas! ne vous

scan-

ſcandaliſés point de ces paroles, & faites reflexion, je vous prie, que la langue des damnés n'eſt capable de proferer autre choſe que des blasphemes. Nous ſçavons cependant que J. C. n'eſt point la cauſe de nôtre captivité, puisqu'au contraire il n'eſt mort que pour délivrer tous les hommes des fers ſous leſquels ils gemiſſoient. Ce ſont les Papes qui cauſent tous nos malheurs, & qui pour favoriſer l'horrible avarice de nos parents, changent pour nous les clefs du Paradis en des clefs de priſon. La naiſſance de J. C. ne donna point la mort a tant de petits innocents; ce fût ſeulement l'impieté du cruel herode. Nôtre ſort eſt pareil á celuy de ces enfants malheureux; ſous un pretexte maſqué de Religion on nous ſepare du reſte des vivants, & il n'y a point d'autre difference entre ces innocents & nous, ſinon qu'ils mou-

moururent avant que d'être ensevelis, & nous sommes ensevelies avant que de mourir. Nôtre innocence, nos larmes, nôtre beauté qui pourroit nous faire regarder comme des Anges, tous ces moyens & ces advantages ne nous servent de rien pour obtenir du secours contre la rigueur de nos parents; l'Eglise Romaine nous est encore plus cruelle qu'eux mêmes. Cependant St. Pierre fût autrefois délivré de prison par le ministere d'un Ange, & aujourd'huy les Successeurs de St. Pierre reduisent les Anges à une affreuse prison. Mais dans quelles chimeres me jette l'impetuosité d'une violente douleur? Ah! que le nom d'Anges s'accommode peu avec nos malheurs, & encore moins avec nos actions! si l'on nous enferme dans cette prison malgré nous, & quelqu'innocentes que nous soyons, doit il paroître étran-

ge

ge que nous nous laissions aller au relaschement de la vie Religieuse? nous n'y sommes que trop poussées par la violence de nos passions desesperées. Nous ne nous mettons pas en peine icy de cultiver une Religion qui ne paroist cruelle que pour nous; il semble plustôt que nous la detestions. On trouve icy une curiosité excessive, & un desir sans bornes d'esprouver les plaisirs du monde. l'Ambition, l'envie, la discorde, & la haine regnent avec Empire parmy nous. Enfin on n'observe icy ny regles, ny statuts, ny vœux que par la dure necessité & la violence inevitable qui nous y contraignent. Mais que vous diray-je de cette chasteté, pour la conservation de laquelle nous sommes enfermées si étroittement? concevés vous même tout ce que je vous en pourrois dire, puisque la modestie de mon sexe ne me permet pas de descendre

cendre dans un tel détail : Sçachés seulement que nous employons tout ce qui peut servir a blesser cette chasteté, & c'est avec raison, parce que comme elle est la veritable cause de la perte de nôtre liberté, nous croyons devoir tourner toute nôtre vengeance sur elle. Cette belle personne ne put s'empescher de rougir a ces mots, & elle cessa de parler. Je vous advoüe, grand Saint, que si j'eusse eu un Cœur susceptible de passions humaines, j'aurois sans doute plaint avec tendresse l'état déplorable de ces creatures infortunées ; mais enfin il est inutile de plaindre les personnes qu'on ne peut secourir ; c'est pourquoy je pris dans ce moment le party de me retirer, affin de ne point donner occasion à leur douleur de s'aigrir davantage par un plus long recit de leurs malheurs ; ainsi en prenant congé d'elles, je leur dis, en entrant icy, Mesdames, j'ay été remply d'admiration a vôtre veüe, & je vous ay pris pour autant d'Anges; mais en écoutant le détail funeste de vôtre cruelle condition, je vous ay plaint comme les creatures les plus malheureuses qui soient dans le Christianisme. S'il m'estoit permis de vous secourir, je renverserois de mes propres mains ces fatales murailles qui vous environnent, & je vous rendrois la liberté qui vous a été si inhumainement ravie: mais comme cette entreprise n'est en la disposition de personne, consolés vous du moins dans l'esperance, que le ciel recompensera pleinement vos tourments; & quoyque vous ne souffriés qu'a regret pour J. C. il est neantmoins si bon & si misericordieux, qu'il accorde les beatitudes eternelles mêmes aux cyrenéens qui sont forcés à porter sa croix. J'ose donc vous asseurer que

que si vous n'obtenés pas le Paradis comme vierges, vous l'obtiendrés du moins comme Martyres.

Saint Paul étant allé à Messine, s'y embarque pour Jerusalem. Cependant l'Ange porte la Lettre aux Princes Chrestiens, & ensuitte retourne au Ciel, ou ayant reçû de nouveaux ordres, il descend à Jerusalem, & y rétrouve St. Paul, auquel il apprend le sujet de sa commission, & l'état des affaires d'Italie, en ces termes.

Je viens, grand Saint, d'executer vos ordres : Je viens pour satisfaire vôtre curiosité sur l'état present des affaires d'Italie & pour vous informer des volontés divines, Sçachés donc que j'ay representé invisiblement aux cœurs des Princes Chrestiens le contenu de vôtre Lettre. Je les ay trouvé si disposés

posés à oster vôtre espée des mains d'Urbain VIII. par la connoissance qu'ils ont à present de leur propre danger, que je me suis veu plustôt obligé de leur donner conseil sur la maniere dont ils devoient s'y prendre, que de les pousser a cette entreprise. Des-ja l'armée du Pape desployoit ses drapeaux & ses estendarts sur les frontieres de Modene; elle demandoit des-ja avec hauteur le passage, pour courir a la ruine du Duché de Parme, lorsque les Princes voisins venant a entendre les demandes qu'elle faisoit, on a veu tout d'un coup leur ressentiment qui paroissoit en dormy, se reveiller. Des Couriers ont été depéchés de toutes parts, & presque dans le même temps il s'est conclu une Ligue pour s'opposer aux mouvements injustes du Pape, de sorte que par une espece de Miracle les interests, les volontés, & les for-

ces

ces des Princes Confederés se sont unies en un moment. Que tout le monde apprenne à connoistre la difference qui se trouve à present entre l'Armée de l'Eglise Romaine, & l'armée du Peuple d'Israel; les mers s'entrouvroient pour donner un passage a celle-ci, & presque tout le monde s'unit pour empêcher le passage à celle-là. Don Tadée l'un des Neveux du Pape avoit le Commandement general de ses trouppes; mais les charges les plus considerables de la guerre ne nous donnent pas toûjours cette valeur que nous n'acquerons que par une Naissance illustre, ou une experience consommée. Don Tadée qui n'estoit point accoustumé a de plus nobles entreprises qne celle de Castro, ayant appris qu'on se preparoit à le prevenir, est retourné aussitôt en arriere, faisant ainsi bien moins l'action d'un brave soldat, que d'un voleur qui voit de la resistance a ses des-

desseins. Cependant le Duc de Parme animé par les prompts secours qu'il a reçus n'a pû contenir dans les seules bornes de son Duché ce courage qui lui est si naturel. Il a rassemblé sa Cavalerie, & pour le malheur des Barberins il est entré dans l'Estat de l'Eglise, ce vaillant Prince croyoit se vanger du moins sur la queüe de l'Armée Ennemie, si elle n'avoit pas la hardiesse de lui faire teste; mais au seul bruit de son arrivée elle est disparue avec le General. Les habitants de l'Etat Ecclesiastique ne pouvoient deviner ce qu'étoit devenüe leur Armée, l'Armée ne sçavoit ou Don Tadée s'estoit enfui, & Don Tadée luymême ne sçavoit ou son Cœur s'étoit retiré. Dieu, quand il lui plaît, fait voir aux hommes des choses surprenantes. Ce Duc qui se trouvoit un peu auparavant tout prés de sa ruine, entre comme en triomphe dans le pays Ennemi avec trois mille le chevaux ſeulement, & les ennemis dans leur fuitte ſemblent ſervir de fouriers a ce Prince, & marquer ſes logis. La premiere nuit pour donner du repos a ſes trouppes, il a campé prés le Fort d'Urbain, lequel, s'il eut eu du mouvement, auroit peut-être ſuivi Don Tadée dans ſa fuitte ; mais comme il ne pouvoit quitter l'endroit où il eſt ſitué, il eſt demeuré du moins paiſible, & ſans permettre aucune ſortie, de crainte que le Duc ne s'en apperçut. Ce Prince encouragé par un commencement ſi heureux, a reſolu de pouſſer juſqu'à Rome pour porter aux yeux du Pape même le deſordre qu'il a cauſé par ſes paſſions immoderées. Le Duc ne pouvoit craindre aucun obſtacle dans ſa route, puiſque même les places fortes pour ſe delivrer au plûtôt de ſa preſence accordoient un paſſage libre à ſes trouppes. Les Bourgs fermés & les Villes aux ſeules menaces du Duc

Duc, ouvroient leurs portes, & recevoient ce Prince plûtôt comme un Maistre plein de bonté, que comme un ennemy ; & quoi que les habitants ne pûssent être que fort incommodés par le passage de ces troupes qui avoient besoin de toute sorte de rafraichissements, neantmoins les sujets de l'Etat Ecclesiastique sont tellement accoustumés aux charges, & aux impots qu'ils souffrent de la part de leurs Gouverneurs, que les plus grandes incommodités qu'ils puissent recevoir du passage d'une Armée Ennemie ne leur paroissent point extraordinaires. Cependant le Duc avec une rapidité de fortune inesperée s'advançoit vers Rome, où déja l'horreur & la crainte se respandoient avec la confusion, je ne sçaurois bien vous décrire les extravagances qu'à causé l'advis de son arrivée. Le Chasteau St. Ange ne se trouvoit pas assez grand pour pouvoir cacher tous

tous ceux qui avoient dessein de s'y refugier, ce qu'ils croyoient neantmoins possible, parce que leurs cœurs estoient devenus beaucoup plus petits qu'à l'ordinaire. Le Pape, & les premiers de Rome, commençoient déja pour plus grande seureté a faire porter dans ce Chasteau leurs meubles les plus precieux, faisant de cette maniere servir leur lascheté d'ornement a ce fameux Capitole qui étoit autrefois la retraitte & le centre de la veritable valeur. Enfin l'épée de la justice est toûjours formidable en quelque main qu'elle se trouve. Cette Rome qui soûtint autrefois la veüe redoutable d'Annibal; & les assauts des Gaulois, se trouble àpresent & se confond par l'approche de trois mille chevaux qui viennent vanger les affronts qu'a receûs la maison des Farneses. Il ne s'est trouvé personne dans cette confusion qui ait proposé d'aller à

la

la rencontre des ennemis ; tout le monde ne pensoit qu'a se retrancher. Toutes les portes de la ville paroissoient autant de dioceses, & il y avoit a chacune un Evesque Commandé pour la deffendre, telle estoit la peur des habitants de Rome, qui ne se fiant point a leurs bastions vouloient encore fortifier la ville d'un rempart de Breviaires. Il y a eu tel qui a donné l'advis de faire quelque Cavalerie en prenant les Chevaux de Carosses des Cardinaux & des Evêques ; mais on a reconnut par experience que ces trouppes n'étoient d'aucun service a cause de la mollesse dans laquelle elles avoient tous-jours été nourries. Enfin tous les preparatifs qu'on avoit reglés ne produisoient autre chose par le moyen de la peur que le seul dessein de se defendre. Que diroit a present J. C. luy qui dit autrefois a ses Apôtres, *Modicum fidei quare dubitasti?*

leur reprochant ainsi le peu de confiance qu'ils avoient en luy, lorsque dans l'agitation de la nacelle ils commencerent a tesmoigner de la crainte ; Que diroit il en voyant des Ecclesiastiques s'espouvanter si fort de laproche de quelques escadrons ennemis? ach! qu'il y a lieu de croire qu'une terreur si extraordinaire ne peut naistre que du defaut de la foy.

Pendant que Rome estoit dans le trouble & la confusion, la nouvelle en a penetré jusqu'aux enfers. Aussi-tost les principaux d'entre les Demons se sont assemblés, & un d'eux qui avoit le plus d'authorité leur a parlé de cette maniere : Mes Freres, l'Estat des Ecclesiastiques Romains se trouve dans un danger eminent ; nous ne devons point laisser perir le Royaume de tels amis, & les enfers sentiroient un trop grand contre coup de sa chûte, qui pourroit

roit faire succeder une nouvelle reforme dans la Chrestienté ; il faut ne leur point refuser nos Conseils, & nos secours accoustumés, puisqu'aussi bien la foiblesse d'Urbain VIII. ne peut pas soûtenir toute seule nos interests. A ces mots un Demon des plus habiles dans les affaires d'estat, s'est détaché du milieu de l'assemblée, & s'étant offert de servir la cause commune, il à pris son vol, & s'est rendu invisiblement auprés de l'ame d'Vrbain VIII. qu'il à trouvée dans de grandes agitations, & avec laquelle il a raisonné de cette maniere : Vrbain, que fais tu donc? ne vois tu pas ton domaine temporel sur le bord du précipice? ne vois tu pas tes grandeurs mondaines sur le point de s'évanoüir? A quoy t'amuses tu ? ta crainte excessive ne te sera d'aucun secours pour reparer tes pertes ; tu dois encore moins conter sur tes trouppes disperſées & ſans courage : Il faut avoir recours à la fraude & a la perfidie : Les Etats ſe conſervent aiſement par les mêmes artifices qui ont ſervy a les acquerir : traitte d'un accommodement, propoſe des oſtages, & promets de rendre ce que tu as pris : Cependant les troupes du Duc venant a ſe ruiner par les incommodités, & la miſere, elles n'auront plus la force de pourſuivre leur entrepriſe ; retire enſuitte ta parole, qu'importe ! ce ne ſera pas la premiere fois ; n'és tu pas Pape auſſi bien ? tu peux diſpenſer les autres de leurs serments ; pourquoy ne te dégagerois tu pas de tes promeſſes ? c'eſt ainſi que le Demon a parlé à Vrbain VIII. qui s'eſt laiſſé aiſement perſuader. Enfin l'enfer execute ſouvent ce que le Ciel a arreſté, mais c'eſt par une fin differente. Les armes des Princes confederés pouvoient dans la confuſion & l'épouvante ou étoit Rome s'emparer en fort peu de temps de tout l'Etat Ecclesiastique. Le Duc de Modene pouvoit facilement se rendre Maître de la Ville de Ferrare sur laquelle il a de si justes pretentions. Le Duc de Florence pouvoit recouvrer les fiefs qui apartiennent a sa maison dans le Duché d'Vrbin, pour raison de dot. Il étoit aisé à la Republique de Venise de se vanger des ravages si souvent faits sur ses frontieres. Enfin tous ces Princes unis ensemble pouvoient sans peine délivrer les malheureux sujets du Pape de la Tyrannie Ecclesiastique sous laquelle ils gemissent. Mais les uns se sont laisses aller avec trop de credulité aux negotiations artificieuses des Barberins, d'autres ont voulu y faire trop de reflexion, les autres n'ont pas sçû profiter de la conjoncture, & se determiner dans le temps: Enfin ils ont tous perdu l'occasion favorable que le Ciel leur faisoit naître pour le service de la Chrestienté ; & Dieu a dit aussi touchant cette affaire, puisque les Princes profitent si mal des bonnes occasions que le Ciel leur presente ; j'ay resolu de retarder la conclusion de la paix qu'ils souhaittent avec tant d'ardeur, afin que dans cet intervalle Vrbain trouve les moyens de pouvoir manquer encore une fois de parole, & d'insulter ainsi a leur trop grande credulité. De cette maniere les decrets du Ciel s'étant trouvés comme unis avec les Conseils de l'enfer, Vrbain VIII. a pû facilement donner ouverture a des negotiations de Paix par l'entremise du Cardinal Spada, & arrester les progrés du Duc sur la foy d'un accommodement, jusqu'a ce que ce Prince s'étant affoibly par la misere & la desertion de ses trouppes, qui ne pouvoient souffrir de demeurer tousjours dans l'oisiveté, il il a esté contraint d'abandonner son entreprise, sans en avoir tiré d'autre fruit que la gloire d'avoir porté sa valeur jusqu'a la veüe de Rome; & ensuitte le Pape ayant desadvoûé son Plenipotentiaire, les negotiations pour la Paix sont demeurées sans effet. Les affaires d'Italie étoient en ces termes, lorsque pour ne plus rester sur la terre, j'ay revolé au Ciel, ou je suis arrivé dans le temps que les Esprits bien-heureux discouroient ensemble sur la deliberation qui s'étoit ensuivie à Rome, si l'on toucheroit au dépost de Sixte, & ils demeuroient d'accord qu'a la fin tous ces troubles ne finiront qu'au grand malheur de l'Eglise, & St. Pierre voulant mieux exprimer son sentiment qu'il avoit commun avec les autres, s'est presenté devant le Seigneur avec la main sur une oreille, en criant; Ah! Seigneur, les Barberins qui ont a present les armes de l'Eglise

a la

a la main, au lieu de s'en servir contre leurs ennemis, m'ont blessé moy même a cette oreille. Le Seigneur qui a bien entendu ce qu'il vouloit dire par cette allusion, luy à respondu ; je te l'avois bien dit, temeraire petit vieillard : autresfois Pierre osa coupper une oreille à Malchus avec les armes de l'Eglise ; il n'est pas extraordinaire qu'a present les Barberins couppent aussi une oreille à Pierre, affin que les predictions de la Justice Divine soient accomplies. Aprés ces paroles le Seigneur s'est tourné vers moy, & m'ayant appellé, il m'a dit : Je veux finir l'affaire de l'Epouse Romaine : Va retrouver Paul, & dis luy de ma part qu'il te remette entre les mains l'information qu'il a faite jusqu'a present, laquelle tu rendras publique, affin que l'épouse, au cas qu'elle voulût se justifier, puisse produire ses moyens de deffense contre elle : que Paul cependant

pendant demeure ſur la terre ; & qu'il continue de s'informer de la vie des Religieux Clauſtraux, parce qu'auſſi-toſt aprés le Divorce, je veux que le Monde connoiſſe ceux d'entre eux que je regarde comme mes enfants legitimes.

FIN.

www.ingramcontent.com/pod-product-compliance
Ingram Content Group UK Ltd.
Pitfield, Milton Keynes, MK11 3LW, UK
UKHW021121220726
13924UKWH00004B/1837